데이터베이스 구축을 위한

SQL서버 2012 활용

이 원 호 저

오성 미디어

머 리 말

IT(Information Technology)를 전공하는 학생은 누구나 데이터베이스(database) 과목을 접하게 되고, 학생들은 다양한 데이터베이스 이론과 실습에 관련된 책들을 보게 된다. 데이터베이스 관련 대부분 책들은 데이터베이스 이론과 관련된 내용, SQL Server 실습만 관련된 내용, 또는 웹 프로그래밍과 데이터베이스 연동 내용만으로 그 영역을 구분하여 담고 있다. 이렇게 분리되어 학습하게 되면 프로젝트 수업이나 졸업작품 수행 시 연결이 잘 안되어 제대로 된 데이터베이스 관련 시스템을 구축하기가 어려운 점이 있었다. 이러한 시점에 저자는 대학에서의 데이터베이스 관련 강의 경험을 바탕으로, 데이터베이스에서 반드시 필요한 데이터베이스 설계관련 기초이론, SQL Server 2012의 주요 기능을 중심으로 한 실습, 그리고 SQL Server와 웹프로그램 언어를 연동한 예제 소스 내용을 기반으로 종합적으로 이 책을 구성하였다.

이 책의 Part 1은 기본적인 데이터베이스 이론과 관련 내용으로 제1장 데이터베이스 개요, 제2장 데이터베이스 설계로 구성되어있다. 또한, Part 2에서는 제3장 SQL Server 2012 실습 환경, 제4장에서 제7장까지는 SQL Server 2012 실습과 관련된 내용으로 구성하였다. 마지막 Part 3에서는 제8장 웹서버 실습 환경 구축과 제9장 데이터베이스 연동 실습으로 최종적으로 마무리가 되도록 구성하였다.

이 책은 SQL서버 2102의 주요 기능을 활용하여 데이터베이스를 구축할 수 있도록 실습 위주로 가급적 쉽고 간단하게 기술하려고 노력을 하였으나, 부족한 부분이 많을 것으로 생각되며 차츰 보완하고 개정해 나갈 계획이다.

끝으로 이 책의 출판에 도움을 주신 오성미디어의 오성결 사장님과 관계자 여러분들께 감사드린다.

2014년 7월

저자

목 차

Part 1

Part 2

Part 3

제1장 데이터베이스 개요

1. 정보와 데이터

1) 데이터(data)

- 현실 세계로부터 단순한 관찰이나 측정을 통해 수집된 사실이나 값
- 주로 숫자, 문자 형태로 표현

2) 정보(information)

- 어떤 상황에 대한 의사결정을 할 수 있게 하는 지식
- 데이터의 유효한 해석이나 의미, 데이터 간의 상호 관계성
- 정보의 가치가 인정되어, 의사결정에 유용하게 활용되어야 하며, 유용성을 위해서는 정보는 정확성 및 현재성을 가지고 있어야 한다.
- 정보는 필요 시 언제나 이용될 수 있도록 수집, 조작, 저장 되어야 한다.

I = P (D) : I 정보, P처리기, D 데이터

[정보는 데이터를 처리하여 얻을 수 있는 결과]

2. 데이터베이스 정의 및 구성

1) 데이터베이스(database) 정의

- 한 조직의 여러 응용 시스템들을 다수의 사용자에 의해 **공용**(Shared)되기 위해 **통합**(Integrated), **저장**(Stored)된 **운영**(Operational) 데이터의 집합

2) 데이터베이스 관리 시스템 (DBMS : DataBase Management System)

응용프로그램과 데이터 간의 독립성을 유지하고, 다수 사용자에 의한 공용을 지원하는 DBMS 소프트웨어 패키지 (예 : MS-SQL Server, Oracle)

3) 데이터베이스 시스템 (Database System)

데이터베이스와 관련된 모든 요소(database, DBMS 소프트웨어, DB 응용 프로그램)을 포함하는 전체적인 시스템

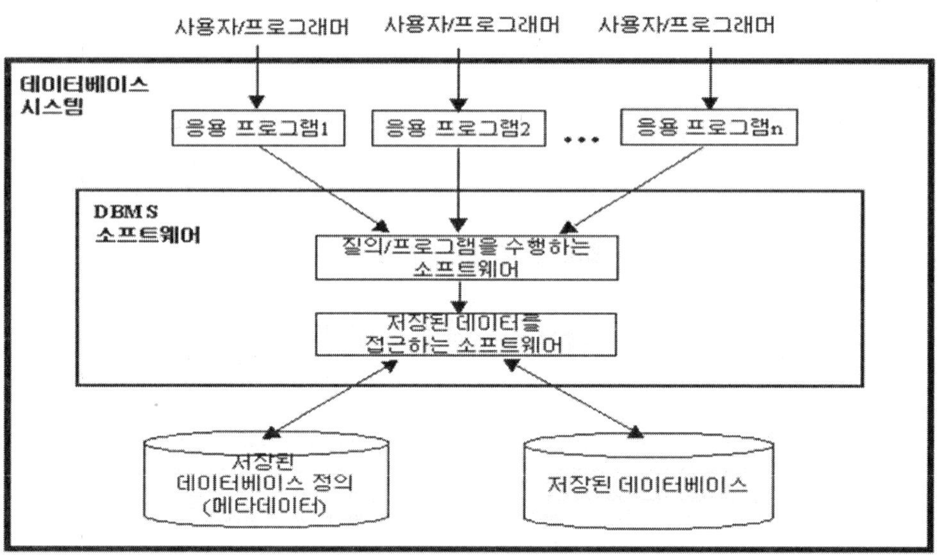

데이터베이스 시스템 구성도

4) 데이터베이스 관리자 (DBA : DataBase Administrator)

DBA는 DBMS에 대한 최신정보와 기술, 관련 소프트웨어의 응용능력, 컴퓨터 하드웨어뿐만 아니라 업무의 관리능력에도 상당한 지식을 갖추고 있어야 함

■ 설계 임무
  - DB의 설계와 사용규칙 결정
  - 데이터사전, 보안절차 마련, 무결성 유지, 소프트웨어 결정

■ 관리 임무
  - 데이터 표현방법과 문서화 기준 결정

■ 운용 임무
  - 물리적 저장구조 및 저장매체 선정
  - 데이터사전, 보안절차 마련, 무결성 유지

■ 성능측정
  - 시스템의 전체적인 효율성 검사

3. 데이터베이스 종류

1) SQL Server

■ 마이크로소프트가 1993년 사이베이스를 기반으로 개발한 관계형 DB

■ 윈도우즈 서버 환경에서 사용되는 관계형 데이터베이스 관리시스템 (RDBMS : Relational DBMS) 로는 현재 가장 널리 사용되는 대표적인 제품

■ 대표적으로 많이 사용되는 버전은 SQL Server 2008 및 2012

2) ORACLE

- 미국 오라클사의 관계형 데이터베이스 관리 시스템
- 유닉스 서버환경에서 사용되는 RDBMS로는 현재 가장 널리 사용되는 대표적인 제품
- 대표적으로 많이 사용되는 버전은 Oracle 10g 및 11g

3) ACCESS

- 마이크로소프트가 PC용으로 오피스에 포함하여 개발한 관계형 DB
- 대표적으로 많이 사용되는 버전은 Access 2007 및 2010

4) MySQL

- 리눅스 운영 체제와 Apache 서버 프로그램, MySQL, PHP 스크립트 언어 구성은 상호 연동이 잘되면서도 오픈 소스로 개발되는 무료 프로그램이어서 홈페이지나 쇼핑몰 등 일반적인 웹 개발에 널리 이용되고 있다.
- mySQL은 오픈 소스 라이선스를 따르기는 하나 상업적으로 사용할 때에는 상업용 라이선스를 구입(썬마이크로시스템즈를 인수한 오라클에 라이선스)해야 한다.

4. 파일과 데이터베이스

1) 기존 파일 시스템이 가지고 있던 **데이터 독립성** 문제 해결

- 파일처리 방식에서의 데이터 구조에 따른 프로그램 의존성 문제 해결

2) 기존 파일 시스템이 가지고 있던 **데이터 중복성** 문제 해결

- 일관성 : 하나의 사실에 대한 데이터 내용의 논리적 동일성
- 보안성 : 동일 데이터에 대한 같은 수준의 보안 유지
- 경제성 : 중복에 의한 공간 낭비, 시스템의 갱신비용 증가

3) 기존 파일 시스템이 가지고 있던 **데이터 무결성** 문제 해결

- DB에 저장되는 최신의 정보에 대한 정확성 유지
- 무결성 유지 검증 프로그램에 의한 통제

4) 기존 파일 시스템이 가지고 있던 **데이터 동시 접근성** 문제 해결

- 다수 사용자가 동일한 시간대에 같은 데이터의 액세스

5. 데이터베이스 장점 및 단점

1) 장점

- 데이터의 중복성과 불일치 감소
- 데이터의 무결성 향상
- 데이터 안전한 관리 및 보안성 보장
- 데이터에 대한 실시간 접근 가능
- 데이터의 삽입, 삭제, 갱신을 통해 계속적으로 정확한 데이터 변화 유지 가능
- 다수의 사용자가 동시에 접근 공유 및 트랜잭션 처리 가능가능

- 프로그램과 데이터의 독립 및 추상화

2) 단점

- DBMS를 도입 및 유지에 따른 운영비 증대
- DBMS 관리를 위한 고급 기술자가 요구
- DBMS 의존도가 높은 환경에서 장애 시 치명적인 결과 초래 가능

제2장 데이터베이스 설계

1. 데이터베이스 설계 개요

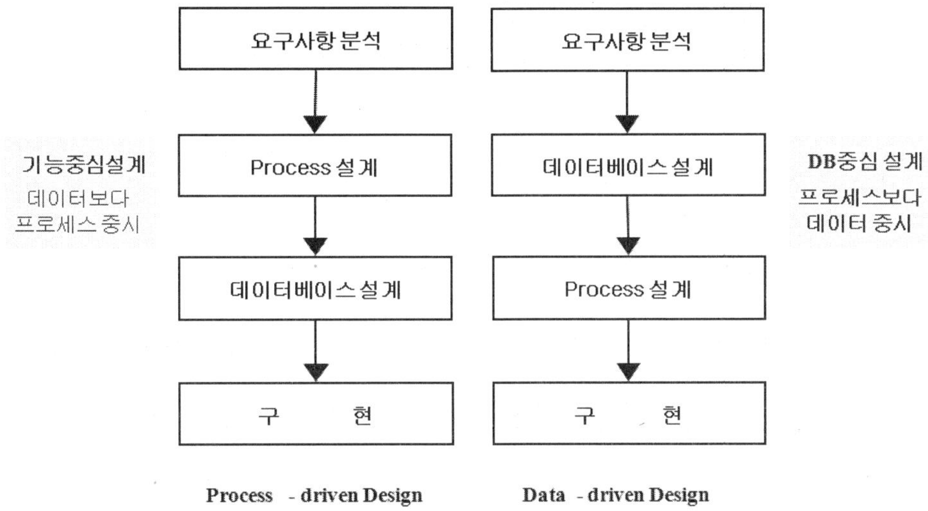

2. 설계를 위한 접근

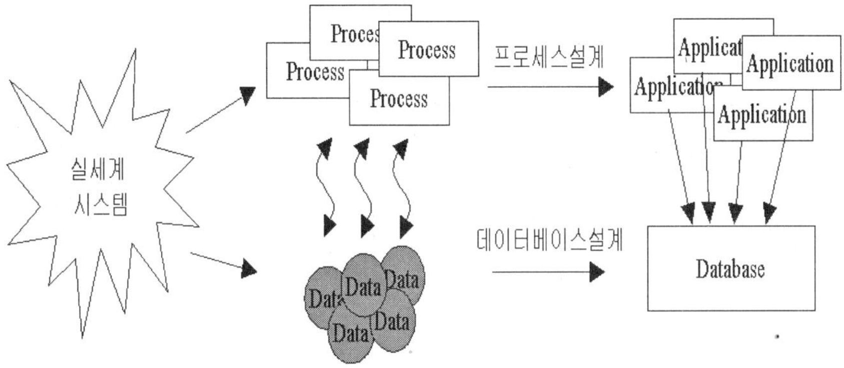

데이터베이스 시스템 구축을 위해서는 DB설계와 Process설계가 병행적으로 이루어지게 됨.

3. 데이터베이스 설계 과정

1) 사용자 요구 분석

- 가능한 한 자세하고 완전한 형태로 명시
- 추상화의 개념을 사용, 현실세계를 기술

2) 개념적 데이터베이스 설계

- 사용자의 요구를 개체, 속성, 데이터 타입, 관계, 제약조건의 관점에서 기술
- 대표적 설계모델 : E-R모델(관계형 지원), 객체지향 모델(객체지향DB지원)

3) 논리적 데이터베이스 설계

- 특정 DBMS를 사용하기 위한 논리적 구조의 스키마 설계

4) 물리적 데이터베이스 설계

- 데이터가 DB에 저장되기 위한 저장구조 기술

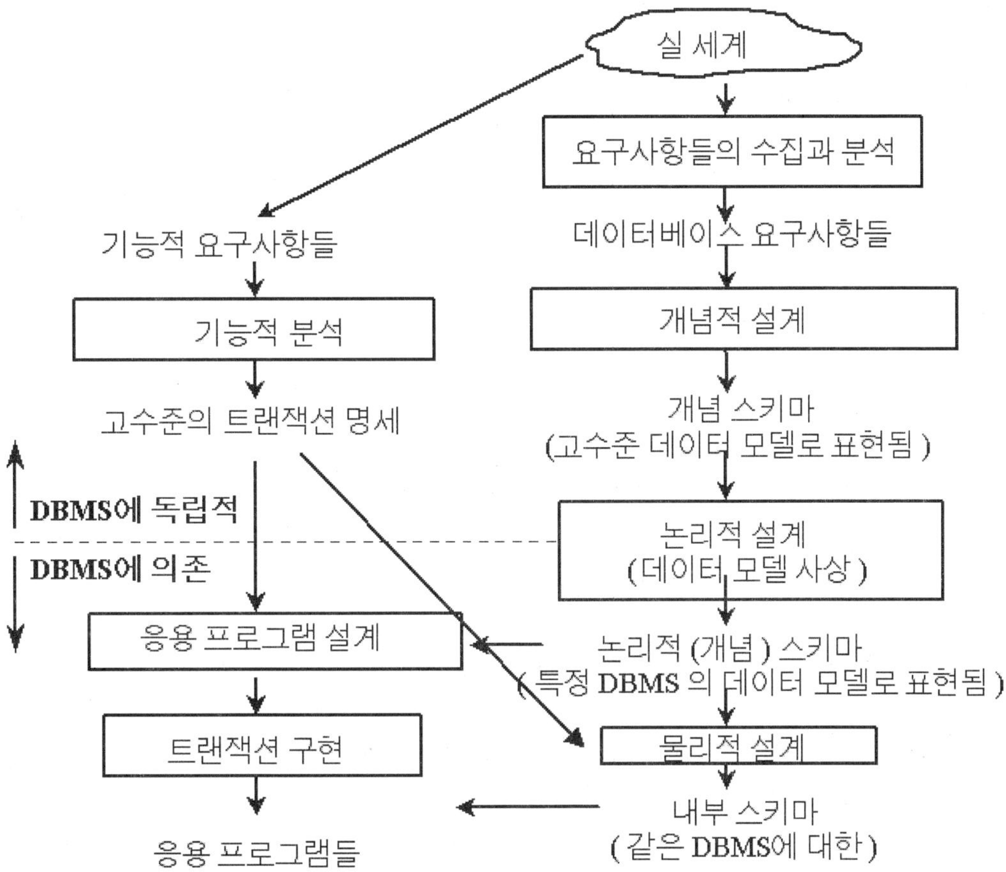

4. 데이터베이스 설계 모델

1) 데이터베이스 모델(model) 개념

- 데이터베이스 모델은 데이터베이스가 어떻게 구조화되고 쓰이는지를 알려주는 이론이나 상세한 설명을 말한다.

- 데이터 모델은 데이터 구조화의 한 방법일 뿐 아니라 데이터에 수행할 수 있는 명령의 집합을 정의하기도 한다.

2) 데이터베이스 모델(model) 종류

① 망형(Network Type) 데이터 모델

- 데이터들의 관계가 오너(Owner)와 멤버(Member)의 관계를 갖는 링크(Link)로 구성

- 오너와 멤버의 링크는 1:N의 관계, 다수의 멤버 관계는 N:M의 다중 관계

② 계층형(Hierarchical Type) 데이터 모델

- 데이터 상호간의 관계가 트리(Tree)모양의 계층구조

- 레코드 관계는 루트(Root)로부터 시작

- 두 레코드 타입은 Parent-Child 관계(1:N)

- 루트를 제외한 모든 레코드는 계층 정의 트리에 나타난 대로 부모 노드에 연결

③ 객체지향 데이터 모델

- 객체지향 언어에서 출발

- 추상 데이터 타입 (캡슐화) 지원

- 객체 정의를 위한 클래스 생성

④ 개체-관계 모델 (ER 모델: Entity-relationship model)

- 테이블 형태의 릴레이션(Relation)의 집합

- 튜플(Tuple) : 릴레이션의 행
- 속성(Attribute) : 릴레이션의 열
- 스크마(Schema) : 모든 릴레이션 Scheme의 집합

■ SQL이라는 표준 질의어 사용

■ 현재 상용 데이터베이스로 가장 많이 구현

5. ER 모델의 개념적 설계

1) 개체(Entity)

■ 데이터베이스는 다음으로 모델링 할 수 있다.
- 개체 집합
- 개체 간의 관계

■ 개체는 눈에 보이는 물리적인 존재(사람, 사물)이다.
- 예 : 사원, 학생, 컴퓨터, 강의실 등

■ 개체는 눈에 보이지 않는 추상적인 개념 또는 행위가 될 수도 있다.
- 예 : 회사, 학과, 과목, 수강 등

2) 속성(Attribute)

■ 속성 : 개체를 설명해 주는 요소들
- 예 : 학생이란 개체의 속성은 학번, 학년, 이름이 될 수 있다.

■ 키 속성 : 개체를 구성하는 여러 속성 중 키 값을 나타내는 속성

■ 단순속성과 복합속성
- 단순속성 : 더 이상 나눌 수 없는 속성 (일반적인 속성)
- 복합속성 : 두 개 이상의 속성들로 구성된 속성(예 : 주소)

■ 단일 값 속성과 다중 값 속성
- 단일 값 속성 : 개체의 속성이 단일 값을 갖는 경우 (일반적인 속성)
- 다중 값 속성 : 여러 개의 값이 존재할 수 있는 속성 (예 : 부양가족)

■ 유도된 속성과 저장된 속성
- 저장된 속성 : 독립적으로 값을 갖는 속성
- 유도된 속성 : 타 저장된 속성(예 : 가격) 에 따라서 결정되는 속성
  (예 : 부가세 = 가격 × 0.1)

3) 개체와 속성 관계

■ 사원(<u>사원번호</u>, 이름, 나이, 직급)

■ 회사(회사명, 소재지, 사장)

■ 개체 집합이란 개체별 각 속성에 해당되는 값들의 집합을 의미한다.

개체 타입 이름 →	사원				회사		
속성 →	사원번호	이름	나이	직급	회사명	소재지	사장
키 속성 → (사원번호)							
개체 집합 →	1138	김기동	32	대리	신한컴퓨팅	서울	이근영
	1107	홍길동	35	과장	스타벅스	인천	손영윤
	1012	이기자	41	부장	오성미디어	서울	이재헌

4) ER 다이어그램

① ER 다이어그램 (ERD : Entity Relationship Diagram, 개체관계도)
ER 다이어그램은 구조화된 개체간의 관계를 ERD 구성 기호를 사용하여 표현한 일종의 데이터베이스 모델링 설계도이다.

② ERD 구성 기호

- 사각형은 개체를 나타낸다.
  - 이중 사각형은 약한 개체 타입으로, 자신이 가지고 있는 속성으로 주 키를 설정하기 어려운 개체를 나타낸다.

- 타원은 속성을 나타낸다.
  - 이중 타원은 **다중 값 속성**을 나타낸다.
  - 주 키 속성에는 밑줄을 긋는다.
  - 점 속성은 **유도 속성**을 의미한다.
  - **복합 속성**은 속성과 그의 세부 속성으로 연결 표시한다.

- 마름모는 관계를 나타낸다.
  - 이중 마름모는 약한 관계 타입으로, 자신이 가지고 있는 속성으로 주 키를 설정하기 어려운 관계를 나타낸다.

- 선은 개체와 관계, 개체와 속성을 연결한다.

- 관계(R)에서 개체1(E1)과 개체2의 관계는 1:1, 1:N, M:N 으로 표시한다.

- 역 삼각형은 개체 내에서 구분되는 서로 다른 서브 개체를 표시한다.

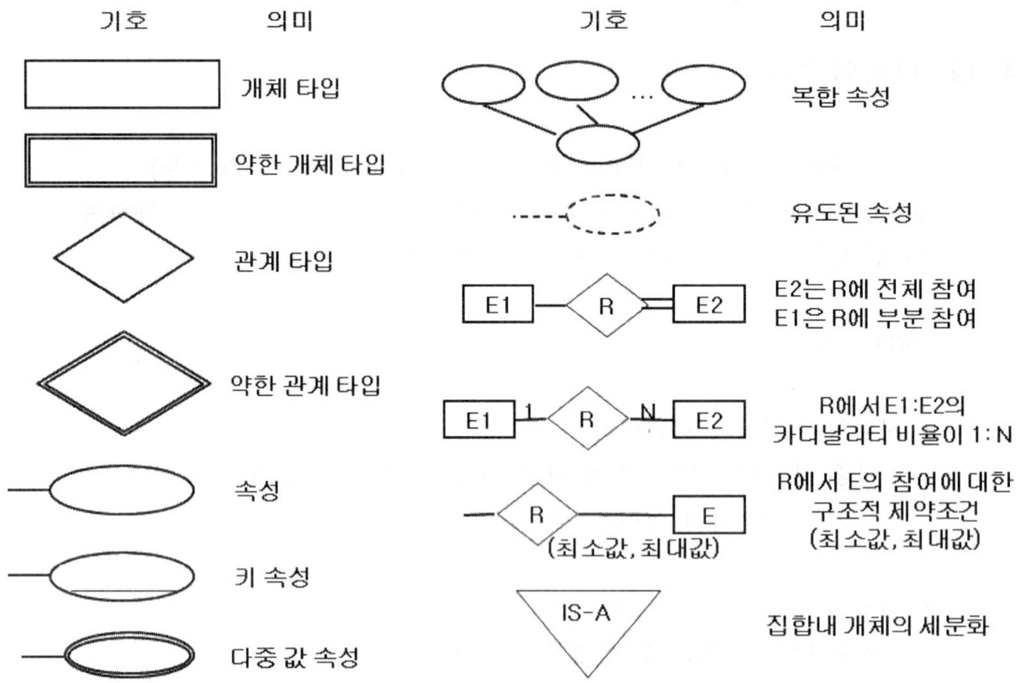

③ 개체, 관계, 속성을 표현한 ERD

속성은 주로 개체집합의 속성이나 관계 집합의 속성일 수도 있다. 예를 들어, 개체 집합 고객과 계좌간의 관계 집합인 예금에 속성인 거래일자를 가질 수 있다.

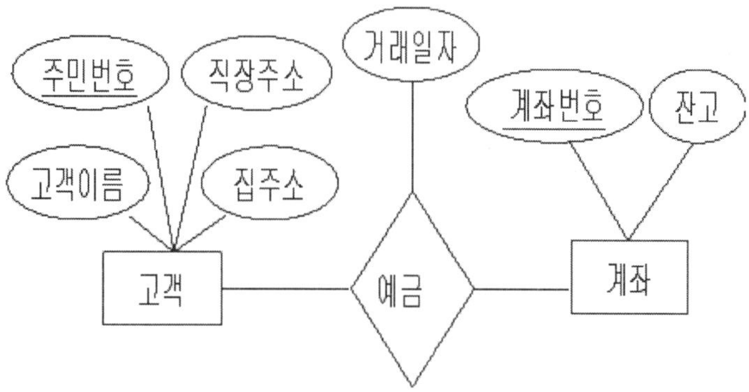

④ 개체간의 관계

- 동일한 개체에 두 개의 관계가 성립될 수 있다.

- 1개의 병실에 여러(N) 명의 환자가 입원할 수 있다.

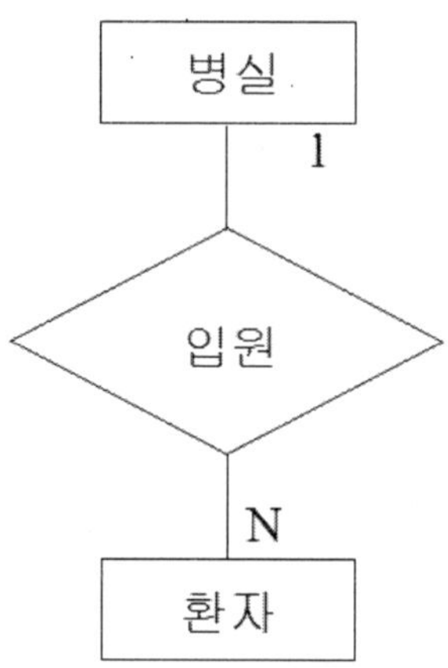

- 의사의 진료는 한 사람 씩 여러 환자를 진료할 수 있지만, 의사와의 상담은
전문 분야 의사들과 다수의 환자 간에 이루어질 수 있는 것을 나타낸 것이다.

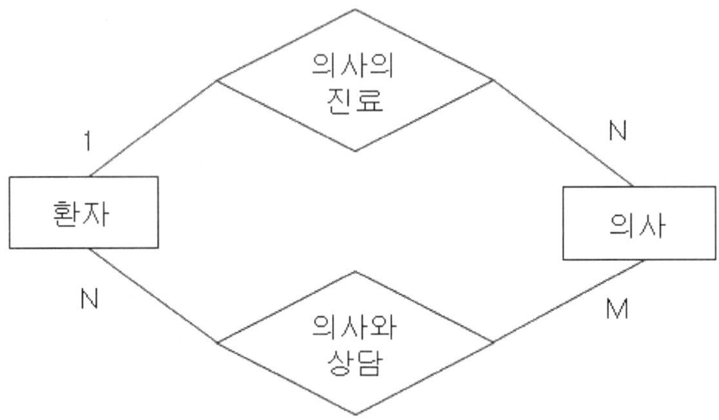

■ 관계(테스트들이 처방 됨)는 개체 (의사), (환자), (테스트)에 의해 다중으로 관계를 가질 수 있다.

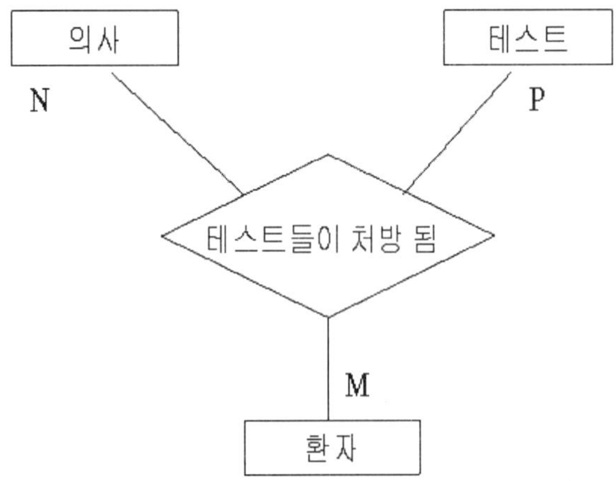

⑤ 속성(Attribute)과 값(value)

■ 개체와 속성을 찾아내 보기

■ 그리고 각 속성의 값을 예를 들어 나열해 보기

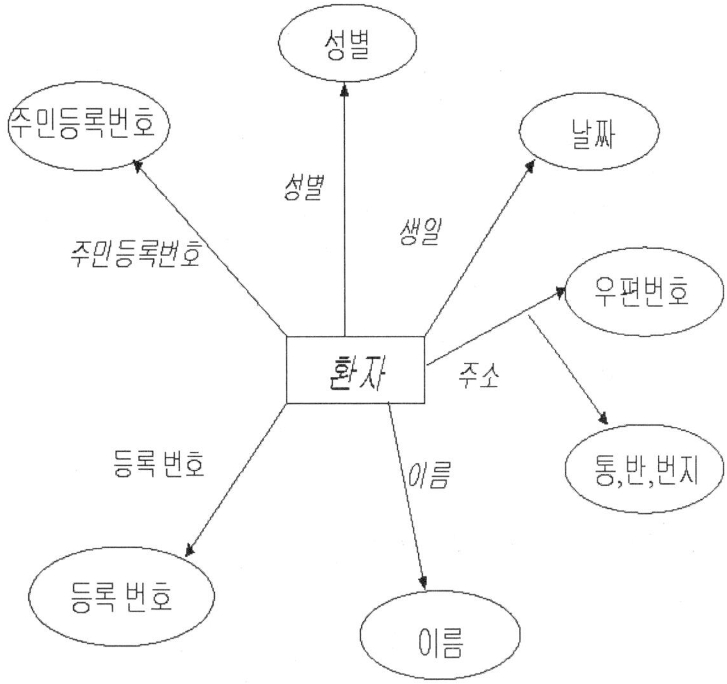

⑥ 개체의 세분화

■ 집합 내의 서로 다른 개체와 구분되는 개체 집합 내의 서브 그룹으로 지정

■ 이들 서브 그룹은 상위 단계 개체 집합에는 적용되지 않는 속성을 가지거나 관계에 참여하는 하위단계 개체 집합이 된다.

■ IS-A라는 라벨을 가진 역삼각형으로 나타낸다.

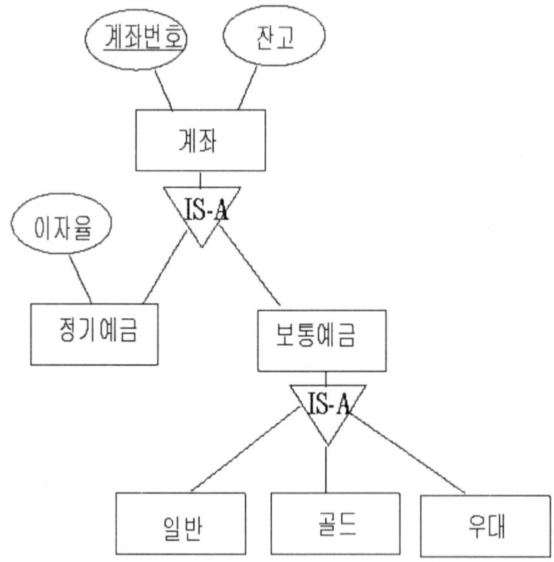

⑦ ERD 작성 사례 : 병원 데이터베이스

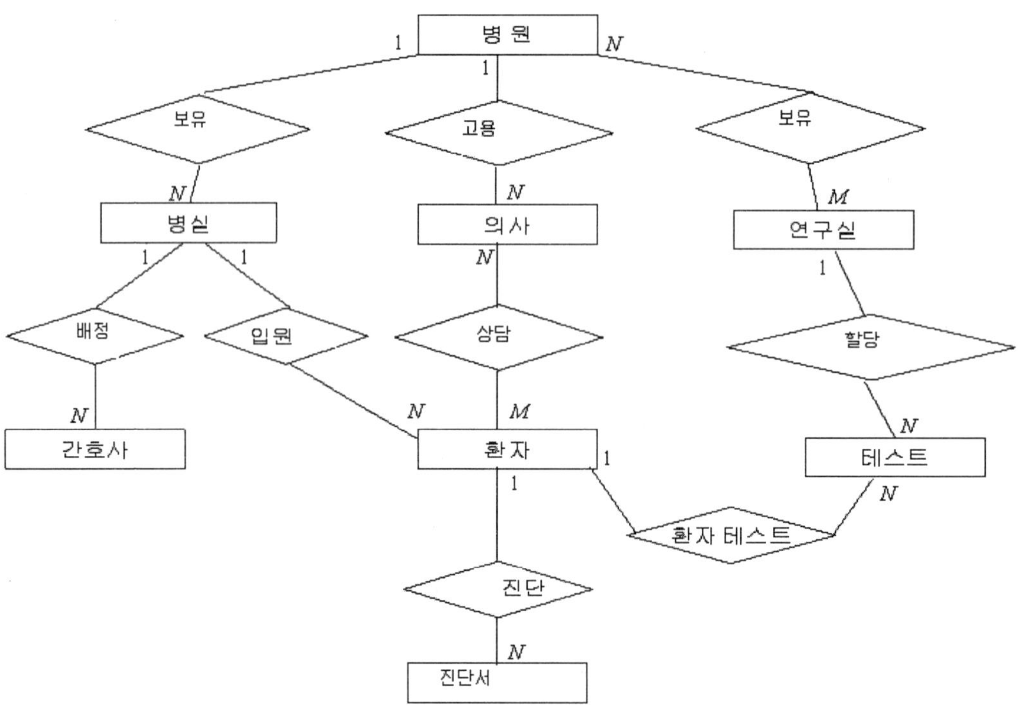

6. 관계형 모델

1) 관계 모델 용어

용 어	의 미
릴레이션	표, 테이블
튜플	행, 레코드
속성	열, 필드
차수	필드의 수
영역	필드가 가질 수 있는 값들
기본키	레코드를 식별할 수 있는 필드
카디날리티	튜플의 개수

2) 릴레이션(Relation)

① 릴레이션 개념

- 릴레이션(Relation)은 값들의 테이블이며, 테이블의 각 열(Column)은 속성(Attribute)이라는 헤더를 가지며, 각 행(Row)은 튜플(Tuple)이라함.

- 릴레이션 R(A1, A2, ..., An)의 튜플 t : 값들의 (순서화된) 집합
  t = <v1, v2, ..., vn> 으로 표시하기도 함.

② 릴레이션의 특성

- 튜플의 유일성
  - 하나의 릴레이션에는 중복되는 튜플이 존재할 수가 없다.
  - 하나의 키 값으로 하나의 튜플을 유일하게 식별한다.

- 튜플의 무순서

- 튜플들은 테이블 형태로 나타나지만 순서는 없다.

■ 속성의 무순서
- 속성은 순서가 없고 이름과 값의 쌍으로 구성된다.

■ 속성 값(value)들의 원자성
- 모든 값들은 나눌 수 없는 원자 값들(atomic values)이다.

③ 학생 릴레이션 (예)

■ 릴레이션 스키마(schema) : 릴레이션의 구조 및 유형을 정의한 것

■ 릴레이션 인스턴스(instance) : 정해진 릴레이션 스키마에서 발생 가능한 모든 튜플들의 집합

학생 테이블(릴레이션)

3) 키(key) 종류

키의 종류	특 성
후보키(Candidate Key)	키로 사용될 수 있는 속성
기본키(Primary Key)	튜플을 유일하게 식별하기 위해 선택된 후보키
대체키(Alternate Key)	기본키로 선택되지 않은 나머지 후보키
외래키(Foreign Key)	속성 집합 중 다른 릴레이션의 기본키가 되는 속성

4) Null 값

- 값을 알 수 없거나(unknown) 해당되는 값이 없을 때(not existed), 해당 사항이 없을 때(not applicable) 에는 null 이라는 특수 값을 사용한다.
- 키 값은 Null 값을 가질 수 없다.

5) 관계 모델에서의 제약 조건

① 영역 제약조건 (Domain Constraints)

② 키 제약조건(Key Constraints)

③ 개체 무결성 제약조건(Entity Integrity Constraints)

④ 참조 무결성 제약조건(Referential Integrity Constraints)

7. ERD를 기초로 테이블 설계

1) 개체를 테이블로 만들기

① 사람 개체

■ 의사 Table

ID	이름	주민번호	직급	소속과
1001	니쿤	880624-1000001	교수	피부과
1002	택연	881227-1000002	부교수	내과
1003	재범	870425-1000003	부교수	외과
1004	찬성	900211-1000004	조교수	내과
1005	준호	900125-1000005	조교수	외과

■ 간호사 Table

ID	이름	주민번호	직급	소속과
2001	윤아	900530-2000001	수간호사	피부과
2002	제시카	890418-2000002	간호사	내과
2003	서현	910628-2000003	간호사	외과
2004	티파니	890801-2000004	조무사	내과
2005	태현	890309-2000005	조무사	외과

■ 환자 Table

등록번호	이름	주민번호	성별	생일	주소
3001	강호동	700611-1000001	남	0611	경상남도 진주
3002	이승기	870113-1000002	남	0113	서울시 강남구
3003	이수근	750210-1000003	남	0210	경기도 양평
3004	은지원	780608-1000004	남	0608	경상북도 칠곡
3005	정주리	850502-2000005	여	0502	경기도 동두천

② 사물 개체

■ 병실 Table

병실번호	수용인원	규모(평)
P001	1	5
P002	2	7
P003	2	7
P004	6	15
P005	6	15

■ 연구실 Table

연구실번호	사용교수ID	규모(평)
S001	1001	10
S002	1002	7
S003	1003	7
S004	1004	7
S005	1005	7

③ 개념 개체

■ 테스트 Table

테스트번호	담당교수ID	분야
T001	1001	피부과
T002	1002	내과
T003	1003	외과

■ 진단서 결과 Table

진단서번호	환자번호	진단교수ID	진단일자	진단결과
R001	3001	1001	20100511	비만
R002	3002	1002	20110319	당뇨
R003	3003	1003	20091211	골절
R004	3004	1004	20109026	고혈압
R005	3005	1005	20091109	양성종양
R006	3005	1001	20110702	여드름

2) 관계를 테이블로 만들기

■ 입원 Table

환자번호	입원실번호	입원일자
3001	P001	20090211
3003	P002	20100615
3005	P005	20110729

3) 기본키와 외래키로 관계 설정하기

환자 Table

등록번호	이름	주민번호	성별	생일	주소
3001	강호동	700611-1000001	남	0611	경상남도 진주
3002	이승기	870113-1000002	남	0113	서울시 강남구
3003	이수근	750210-1000003	남	0210	경기도 양평
3004	은지원	780608-1000004	남	0608	경상북도 칠곡
3005	정주리	850502-2000005	여	0502	경기도 동두천

기본키(등록번호)=외래키(환자번호)

입원 Table

환자번호	입원실번호	입원일자
3001	P001	20090211
3003	P002	20100615
3005	P005	20110729

기본키(병실번호)=외래키(입원실번호)

병실 Table

병실번호	수용인원	규모(평)
P001	1	5
P002	2	7
P003	2	7
P004	6	15
P005	6	15

제3장 SQL Server 2012 실습 환경

1. SQL Server 2012 Standard Edition 설치

① 준비된 CD를 삽입(CD1, CD2일 경우 CD1 삽입)한 후 아래와 같이 SQL Server 설치센터 화면이 나타나면 [설치]를 클릭한 후 [새 SQL Server 독립 실행 형 설치 또는 기존 설치에 기능 추가]를 선택하여 설치를 시작한다.

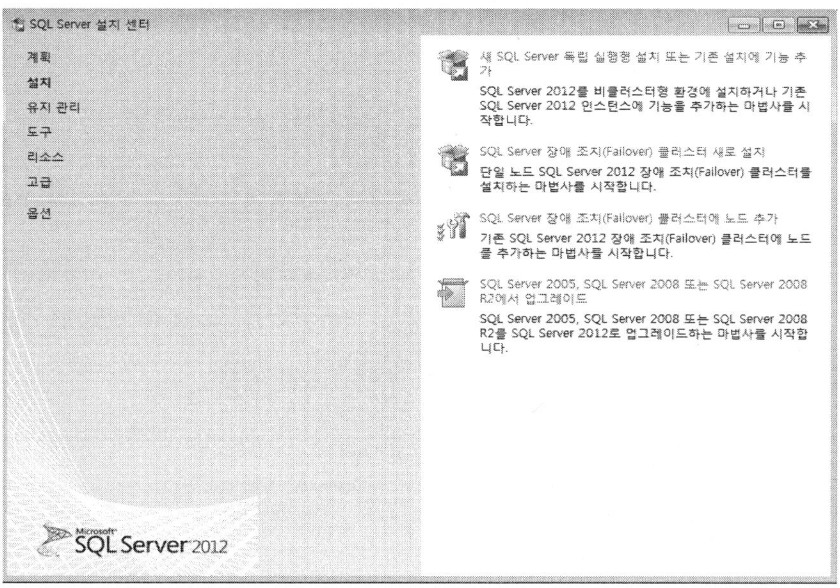

② 정품 소프트웨어의 제품 키를 입력한다.

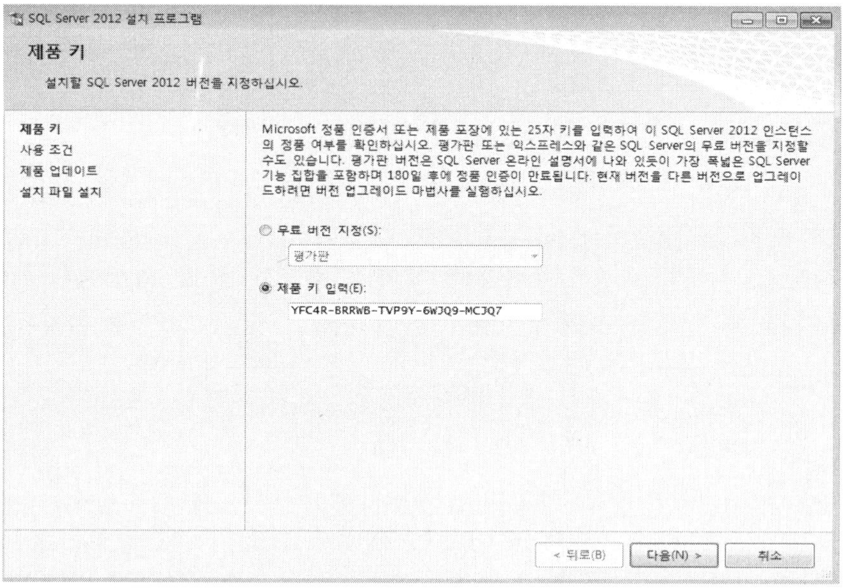

③ 사용조건에서 [동의함(A)]에 박스에 체크한 후 [다음] 버튼을 클릭한다.

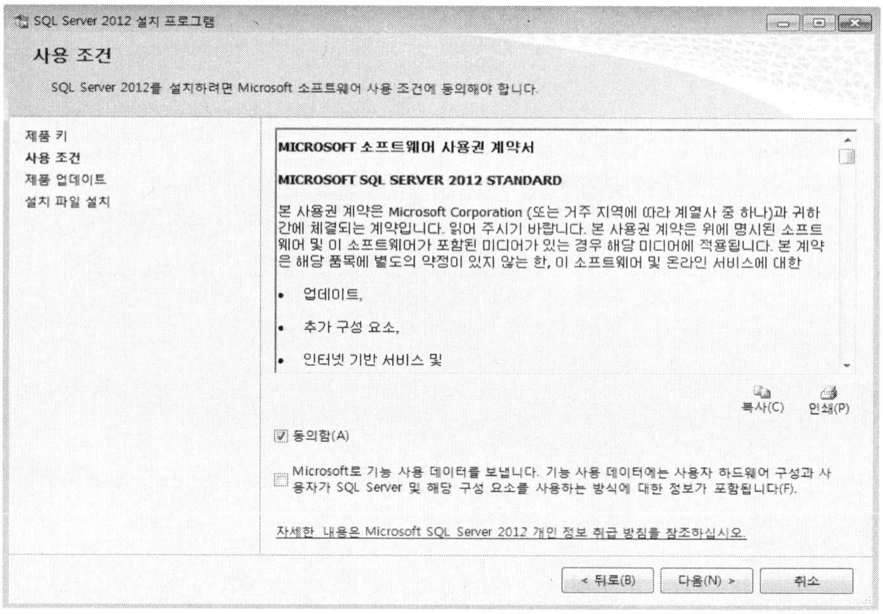

④ 제품 업데이트에서 [SQL Server 제품 업데이트 포함(I)]에 박스에 체크한 후 [다음] 버튼을 클릭한다.

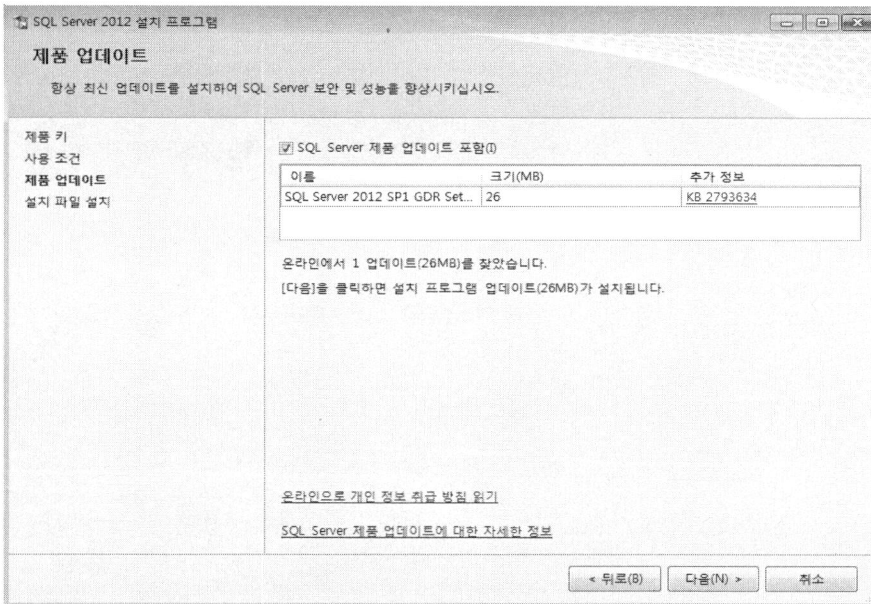

⑤ 이제 SQL Server 설치 프로그램이 설치되고, 업데이트도 설치된다.

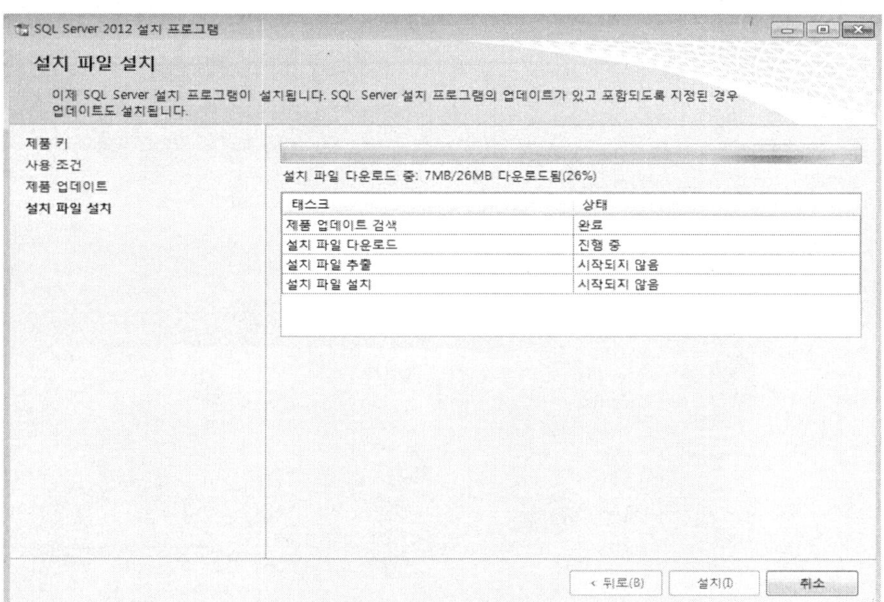

⑥ 설치 지원 규칙에서 SQL Server 설치 지원 파일 설치 시 발생할 수 있는 문제를 식별하는데, 오류가 발생할 경우 수정해야만 설치가 계속된다.

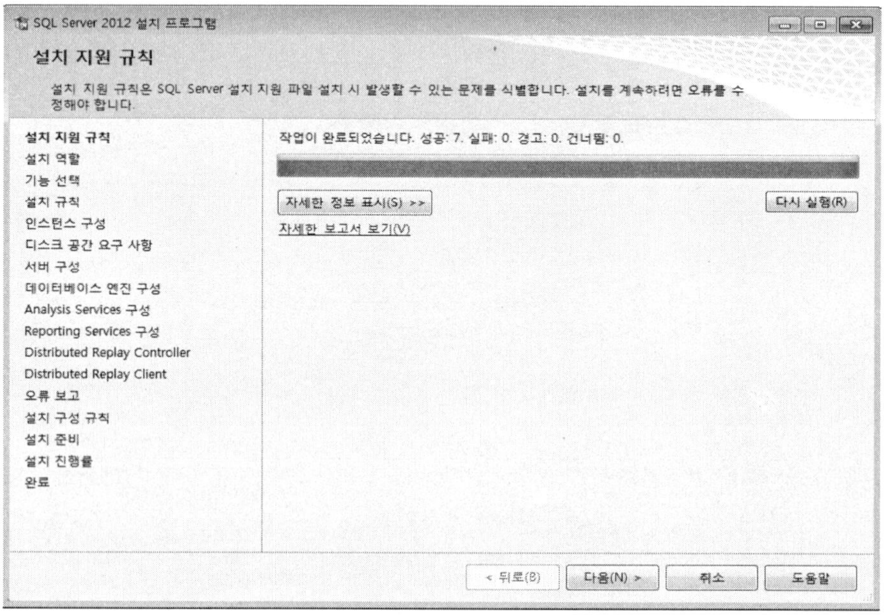

⑦ 설치 역할에서 [모든 기능을 기본값으로 설치(D)]를 선택한다.

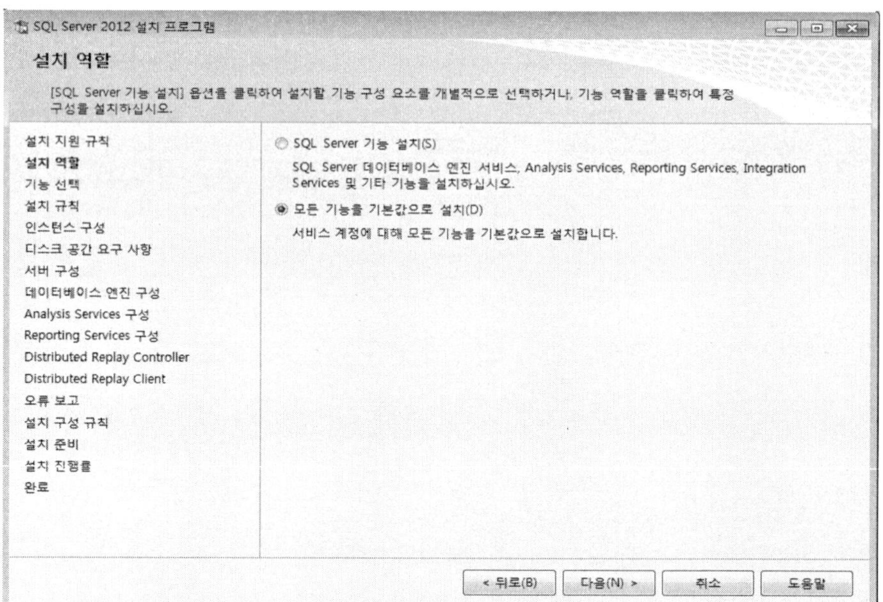

⑧ 기능 선택에서 아래화면과 같이 설치한 스탠더드 기능을 선택한다.

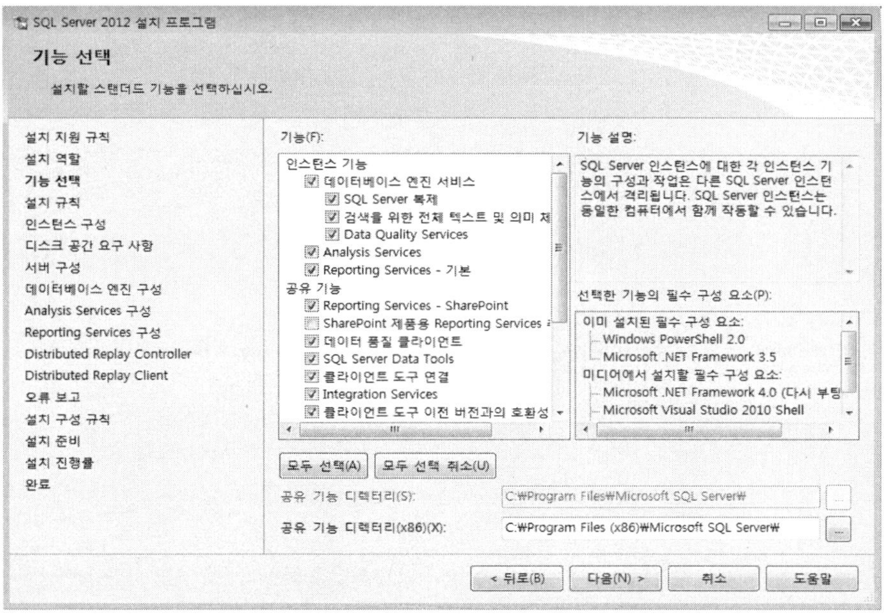

⑨ 설치 규칙에서 오류 없이 작업이 완료되었나를 확인한다.

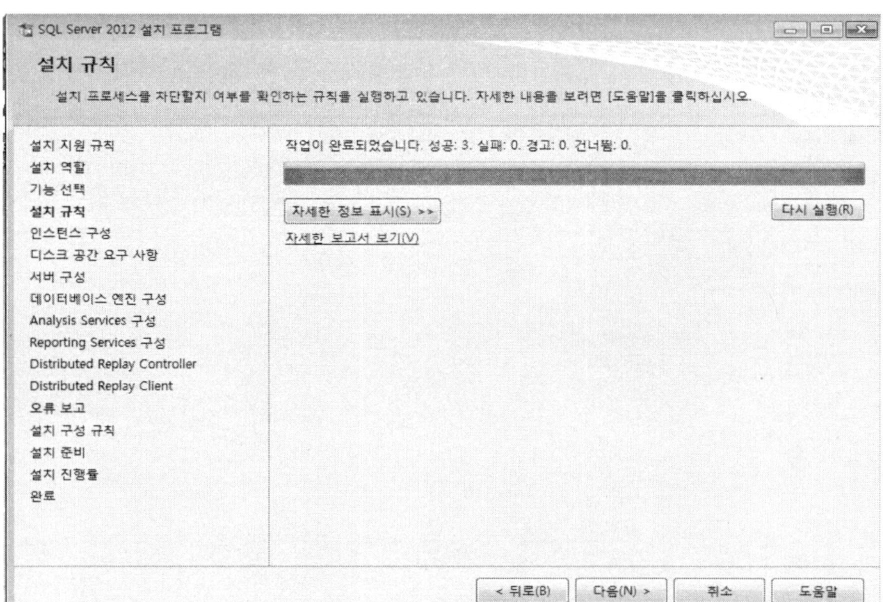

⑩ 인스턴스 구성에서 [기본 인스턴스(D)]를 선택한다.

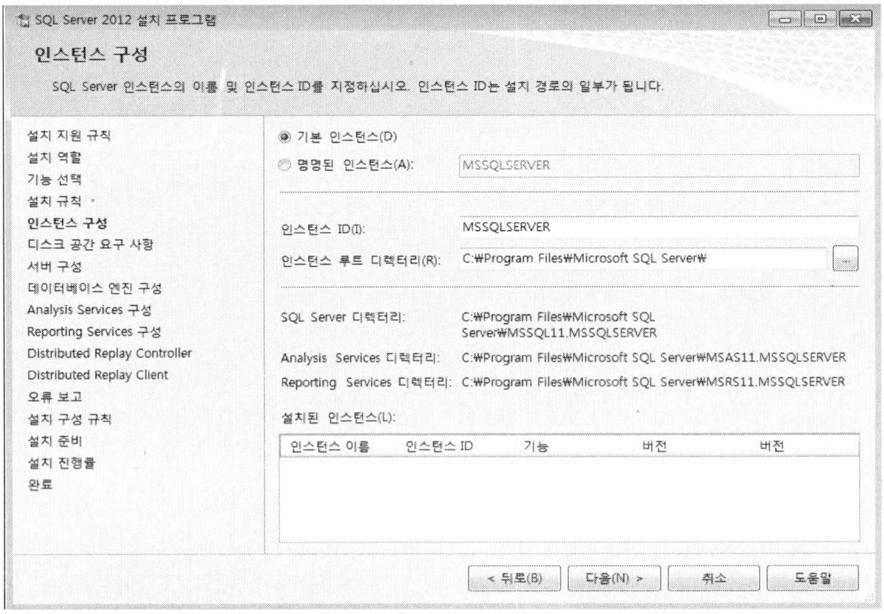

⑪ 디스크 공간 요구 사항에서 나타나는 공간 요약 정보를 확인한다.

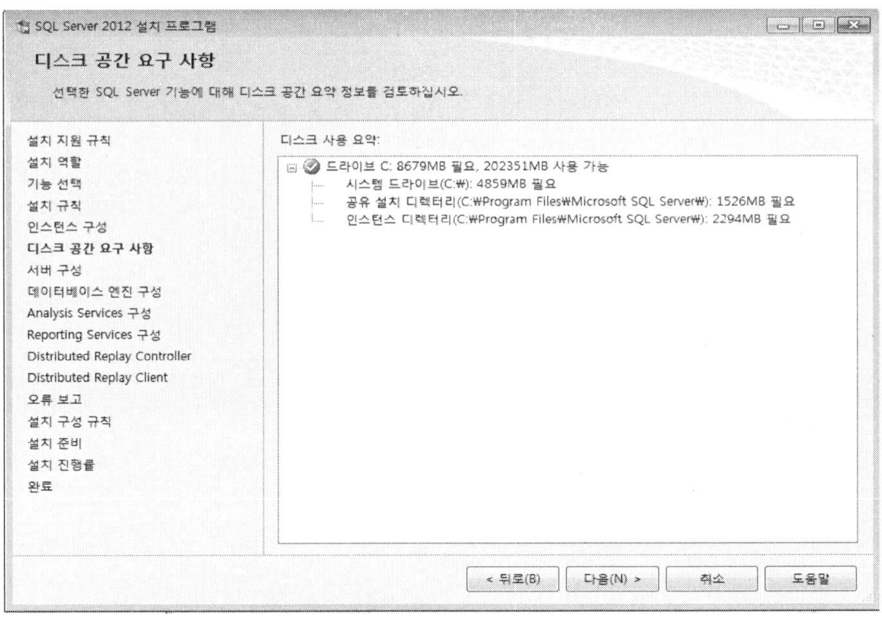

⑫ 서버 구성에서 나타나는 서비스 계정 및 데이터 정렬 구성을 확인 후 [다음] 버튼을 클릭한다.

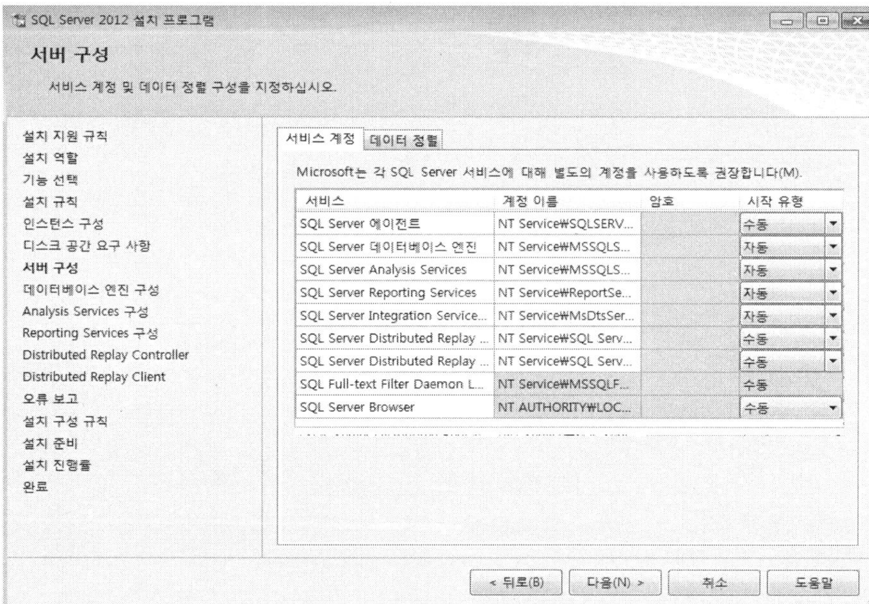

⑬ 데이터베이스 엔진 구성에서 혼합모드를 선택 후 암호를 지정한다.

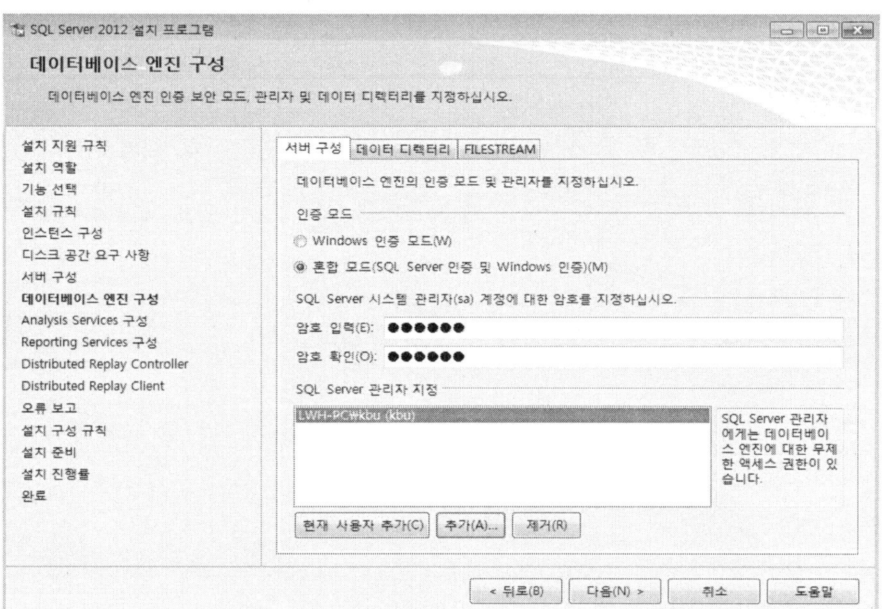

⑭ Analysis Services 구성에서 서버모드를 확인 후 [다음] 버튼을 클릭한다.

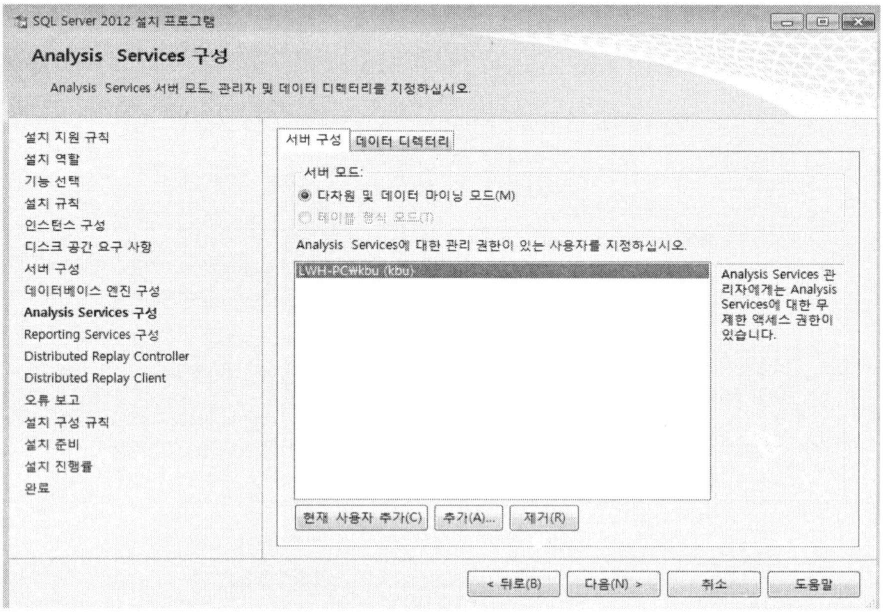

⑮ Reporting Services 구성에서 구성모드를 지정 후 [다음] 버튼을 클릭한다.

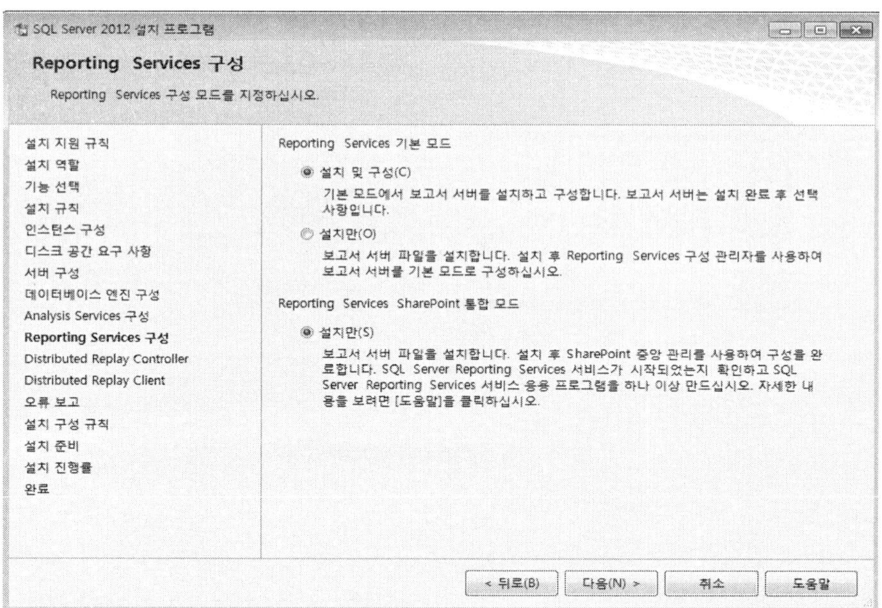

⑯ Distributed Replay Controller에서 서비스에 대한 권한을 가진 사용자를 지정한다.

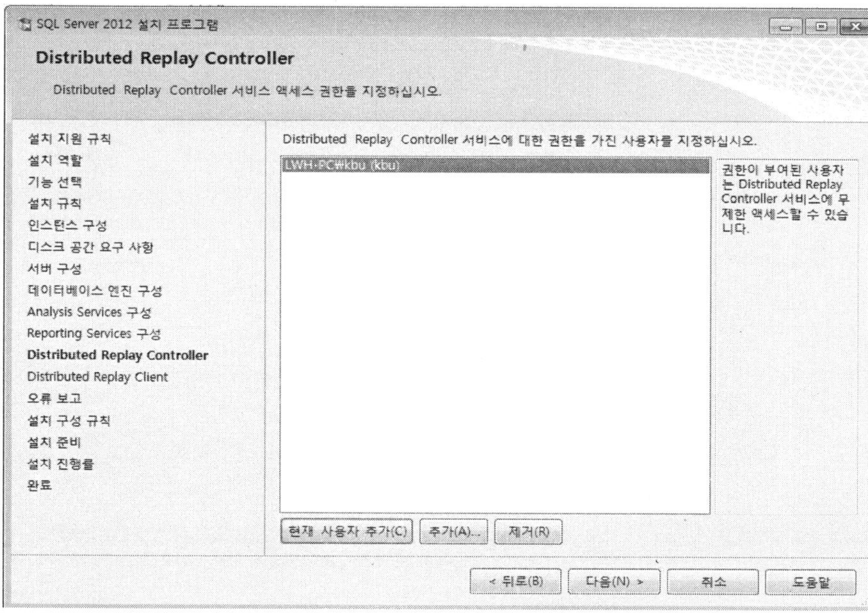

⑰ Distributed Replay Client에서 컨트롤러 이름 및 디렉터리 위치를 확인한다.

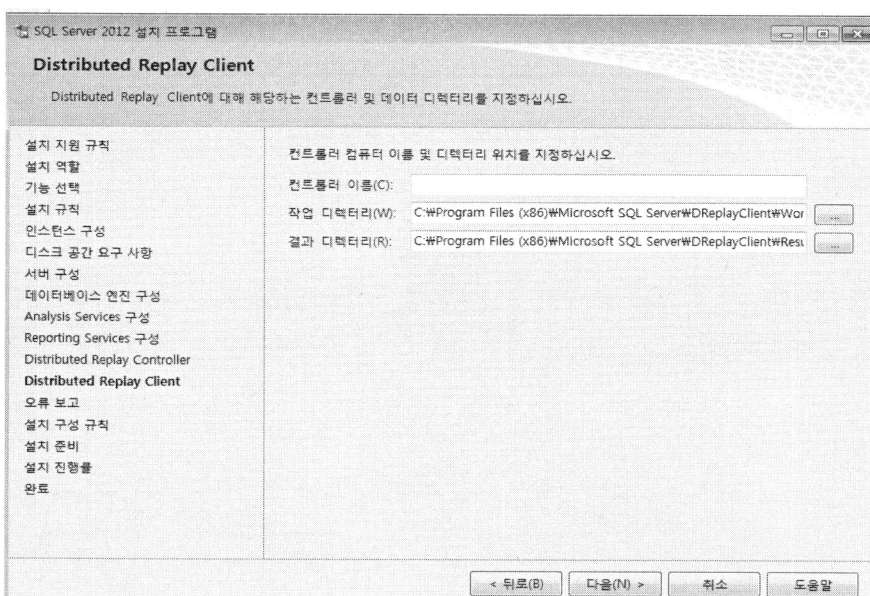

⑱ 설치구성 규칙에서 오류가 없는지 확인 후 [다음] 버튼을 클릭한다.

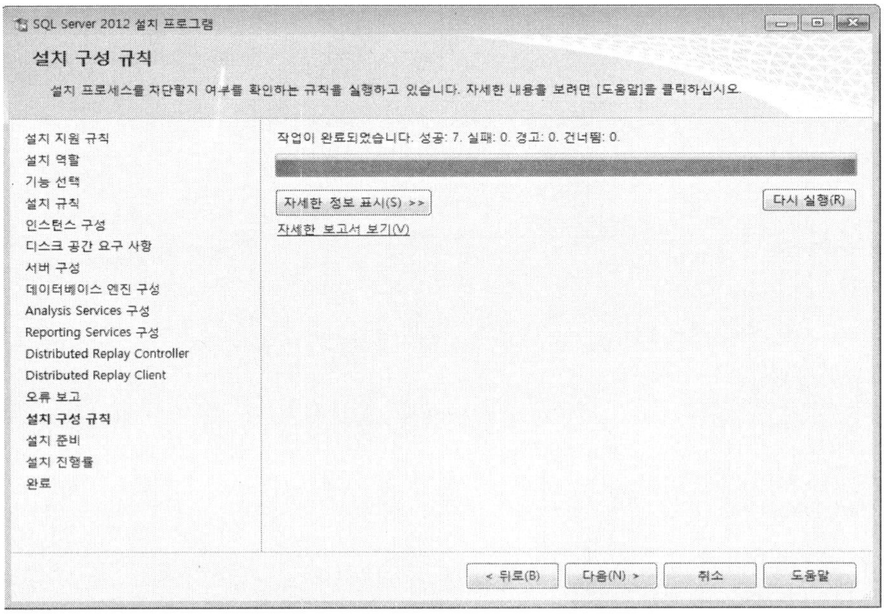

⑲ 설치 준비 화면에 나타난 기능을 확인 후 [설치] 버튼을 클릭하여 SQL Server 2012 설치를 시작한다.

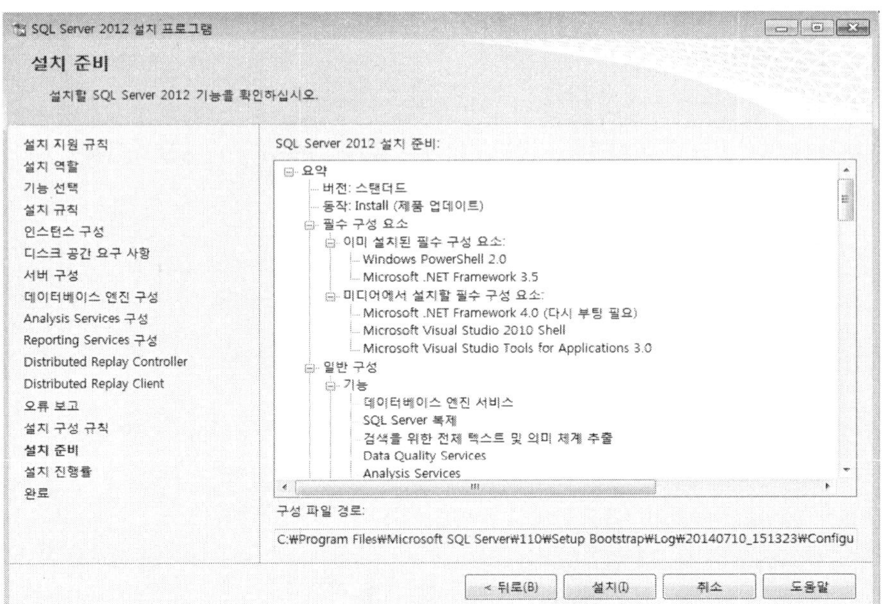

⑳ 설치 진행 시간은 컴퓨터의 사양에 따라 차이가 있을 수 있으니, 설치가 완료될 때 까지 기다렸다가 정상적으로 설치되었는지 SQL Server 2012를 실행하여 확인한다.

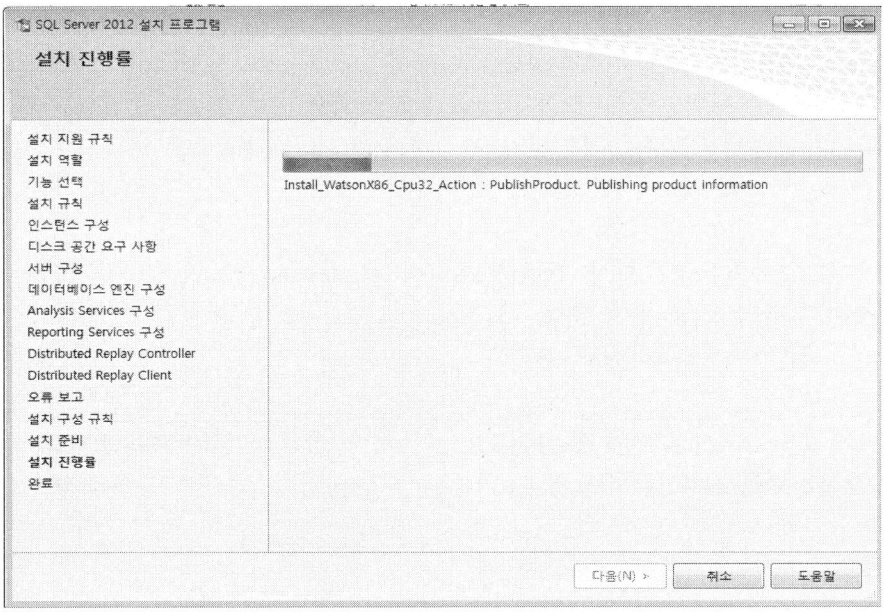

2. SQL Server 2012 Edition 종류

SQL Server 2012 은 크게 Enterprise, Business Intelligence, Standard, Express 4가지 에디션으로 분류 된다. 이전 SQL Server 2008 R2까지 존재하던 Data Center는 Enterprise버전으로 통합되었으며 BI와 관련하여 Business Intelligence 에디션이 추가 되었다.

또한 각 에디션마다 지원하는 기능의 제약에 큰 차이가 있음으로 사용자는 환경에 적합한 에디션을 선택 하여야 한다. Express 버전은 무료로 사용할 수 있으나 기능상의 제약이 많은 점에 유의하여야 한다.

이와는 별도로 Developer 와 Evaluation 에디션이 있는데 이는 개발용 또는 체험판으로만 허가된 제품이다. 하지만 모든 기능은 Enterprise 에디션과 동일하다.

기능	Enterprise	Business Intelligence	Standard
코어 최대 개수	OS MAX	16 Core, /OS MAX(AS,RS)	16 Core
기본OLTP	V	V	V
프로그래밍	V	V	V
관리(SSMS)	V	V	V
기본적 고가용성	V	V	V
기본 기업 B	V	V	V
기본 데이터 통합	V	V	V
셀프 서비스 BI	V	V	
고급 기업 BI	V	V	
고급 데이터 통합	V	V	
엔터프라이즈 데이터 관리	V	V	
고급 보안(SQL 서버 감사, TDE)	V		
데이터웨어하우징	V		
고급 고가용성	V		

3. SQL Server 2012 초기 작업

1) SQL Server 2012 연결

① Microsoft SQL Server 2012 구성요소 중에서 SQL Server Management Studio를 선택한다.

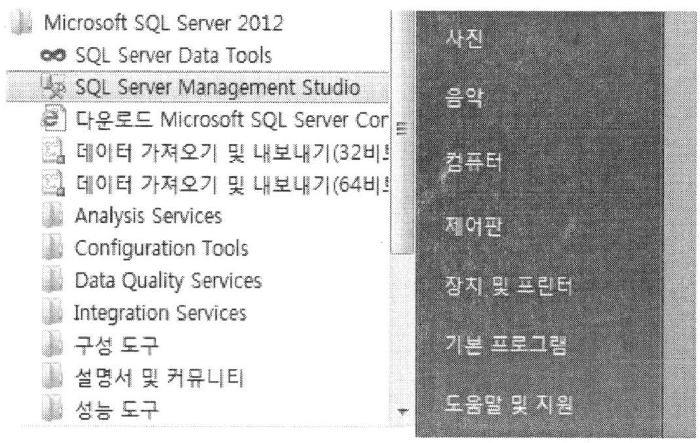

② 서버 연결 창에 사용할 서버 이름, DB 계정 정보를 입력한 후 [연결] 버튼을 클릭한다.

③ SQL Server 에 성공적으로 접속되면 다음과 같은 화면이 나타나게 된다.

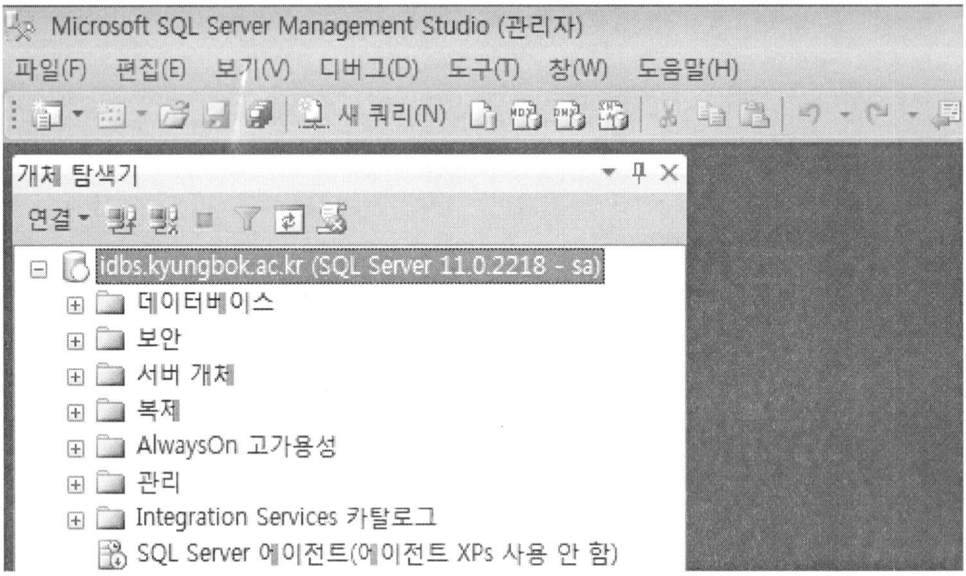

2) 데이터베이스 생성

① 개체 탐색기에서 [데이터베이스]를 선택하여 오른쪽 마우스 클릭하여 나타난 단축메뉴에서 [새 데이터베이스]를 선택한다.

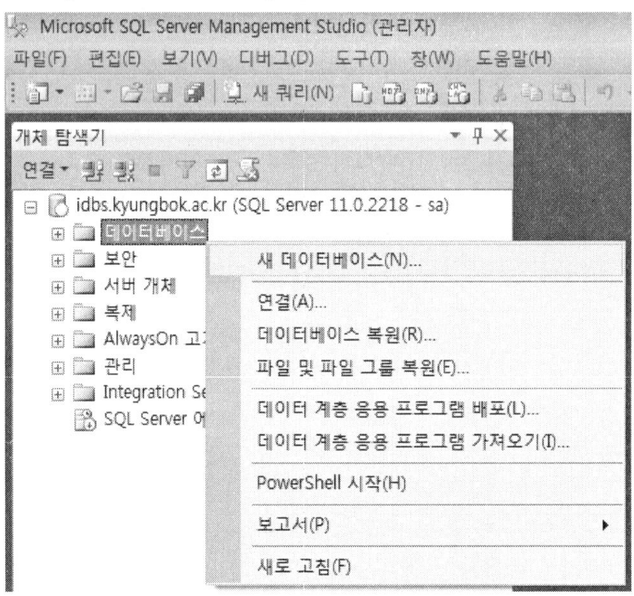

② 새로 만들 데이터베이스 이름을 입력한다. 데이터베이스 파일은 데이터와 로그로 구성되며 처음 크기는 1MB로 조정이 가능하다. 설정된 크기를 오버할 경우에는 10% 단위로 자동 증가된다.

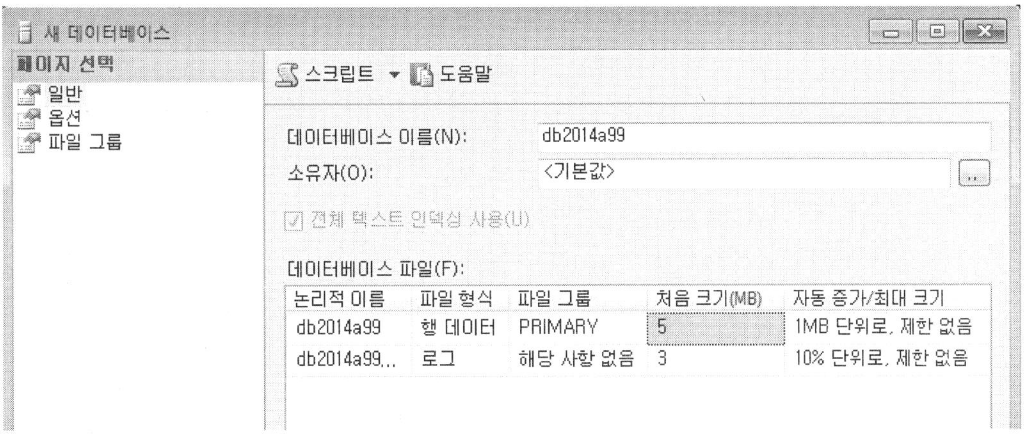

③ 새로 만든 데이터베이스 성공적으로 생성되면 다음과 같이 보여 진다.

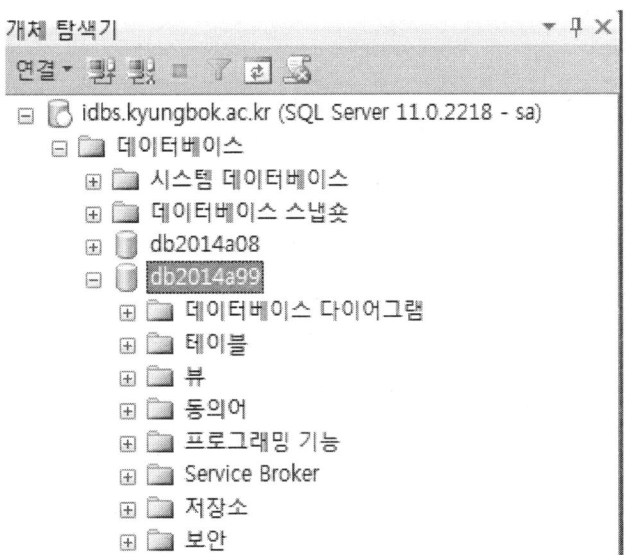

3) 데이터베이스 사용자 계정 생성

① 개체 탐색기에서 [보안] [로그인]을 선택하여 오른쪽 마우스 클릭하여 나타난 단축 메뉴에서 [새 로그인]을 선택한다.

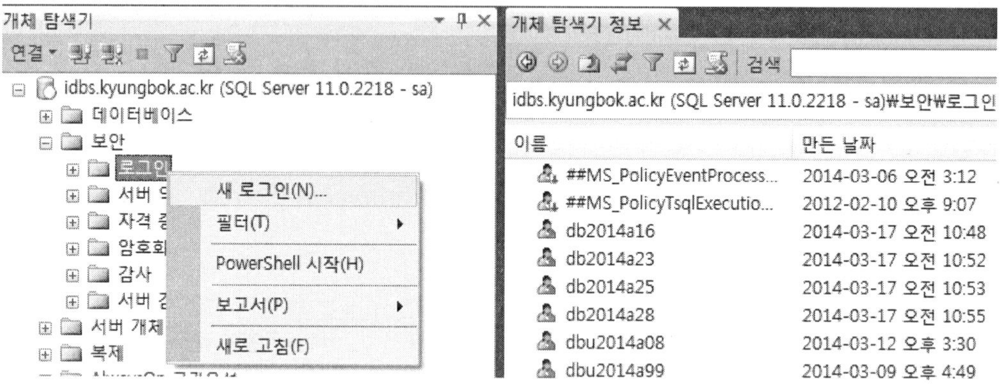

② 로그인 이름에는 DB 접속할 아이디, 암호에는 DB 접속할 비밀번호로 입력하고, 기본 데이터베이스는 사용할 DB로 선택한다.

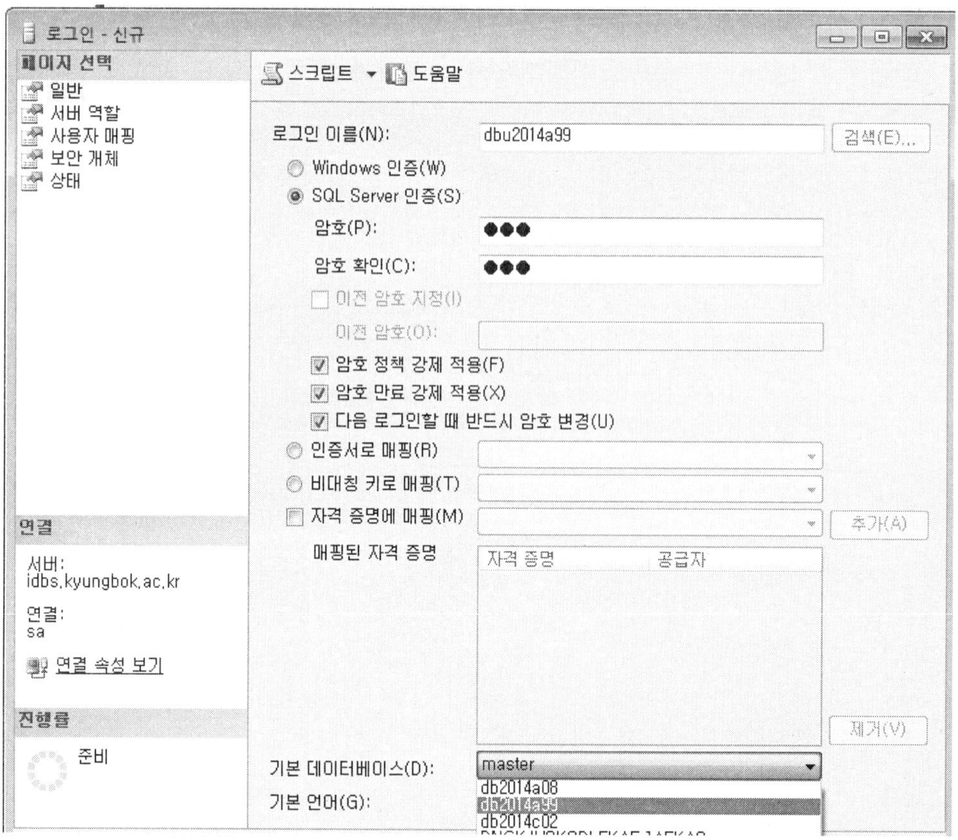

③ 새로 생성된 사용자 아이디를 선택한 후, 오른 쪽 마우스를 클릭하여 나타난 단축메뉴에서 [속성]을 선택한다.

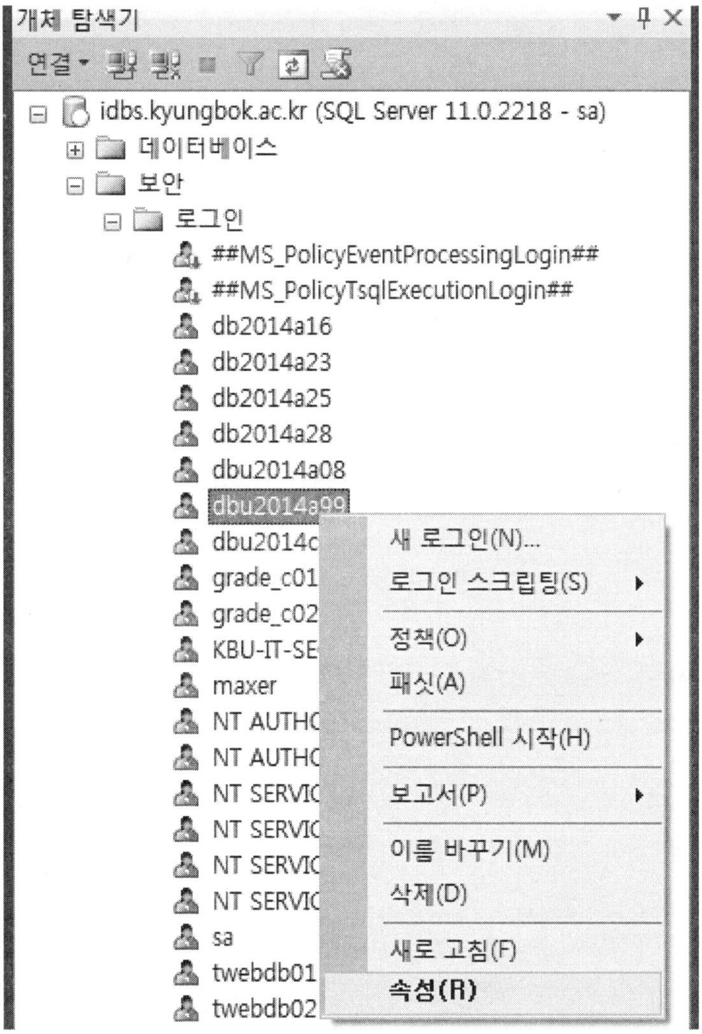

④ 사용할 DB 매핑을 확인하고, DB 역할멤버 자격이 db_owner와 public이 체크되도록 한다.

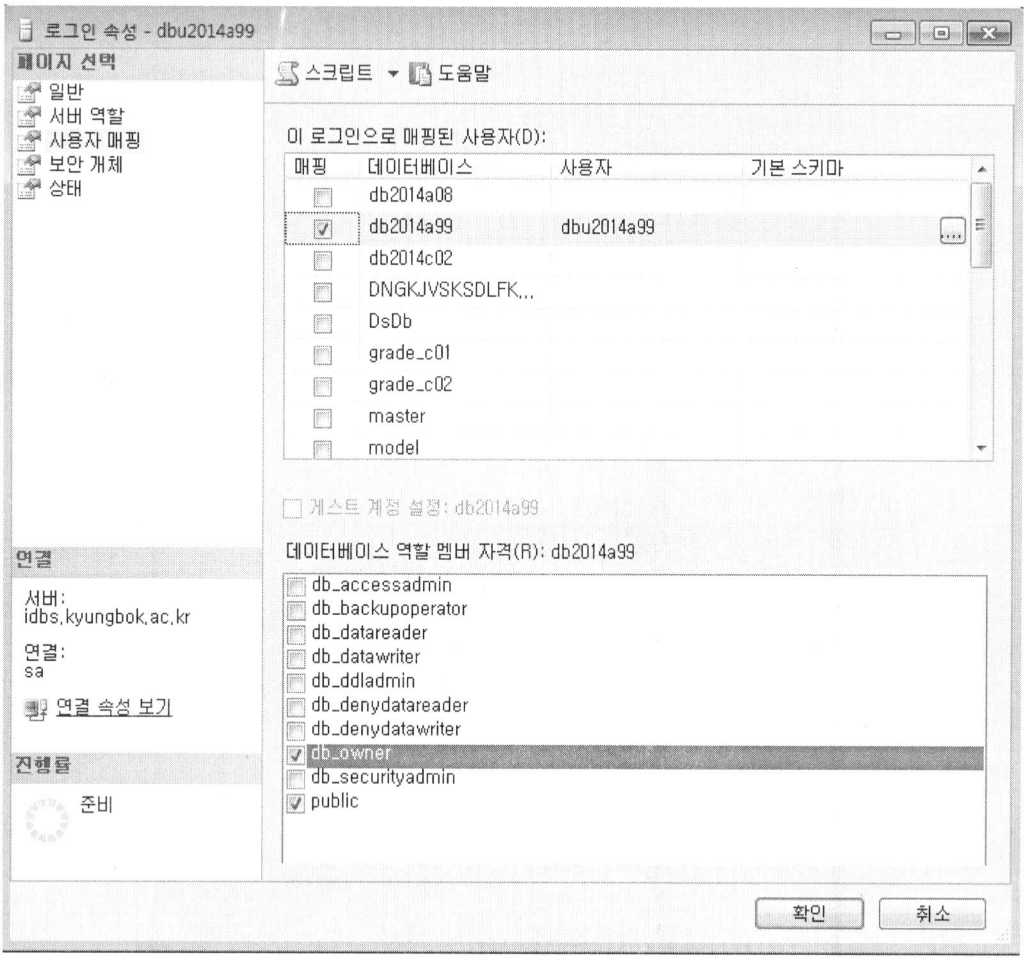

4) 시스템 데이터베이스 종류

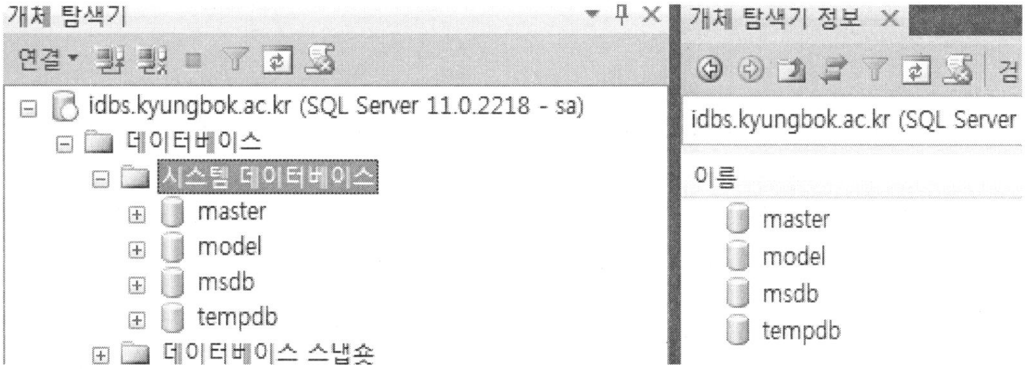

① master 데이터베이스

- SQL 서버 자체와 데이터베이스들을 관리하는, 두뇌에 해당하는 시스템 데이터베이스
- 이것이 훼손되면 DBMS가 작동하지 않거나 사용자 데이터베이스를 인식하지 못함
- 주의해서 관리해야 하며, 자주 백업해 주어야 함

② model 데이터베이스

- 새로운 사용자 데이터베이스를 만들 때 모델이 되는 시스템 데이터베이스 (붕어빵을 굽는 틀에 해당됨)
- 이 데이터베이스에 사용자나 각종 개체(테이블, 뷰, 인덱스, 저장 프로시저, 트리거 등)를 등록해 놓으면 이후에 만들어지는 모든 사용자 데이터베이스에 이들이 복제됨

- 주의: 새로운 사용자 데이터베이스를 만들 때 model 데이터베이스를 사용하지 말아야 함

③ tempdb 데이터베이스

- 임시 테이블과 임시 저장 프로시저가 보관되는 시스템 데이터베이스
- 유일하게 SQL 서버가 시작될 때마다 새로 만들어지며, 보관된 임시테이블이나 저장 프로시저는 연결이 끊길 때 자동으로 삭제됨
- 영구적인 테이블이나 저장 프로시저를 이곳에 저장해서는 안 된다.

④ msdb 데이터베이스

- SQL 서버 에이전트 서비스가 운영자, 작업, 경고등을 관리하기 위해 사용하는 시스템 데이터베이스임

제4장 SQL

1. 액세스 DB에서 SQL Server로 데이터 이관

① 사용 중인 DB를 선택하여 오른쪽 마우스 버튼을 클릭하여 나타난 단축메뉴에서 [태스크] [데이터 가져오기]를 차례로 선택한다.

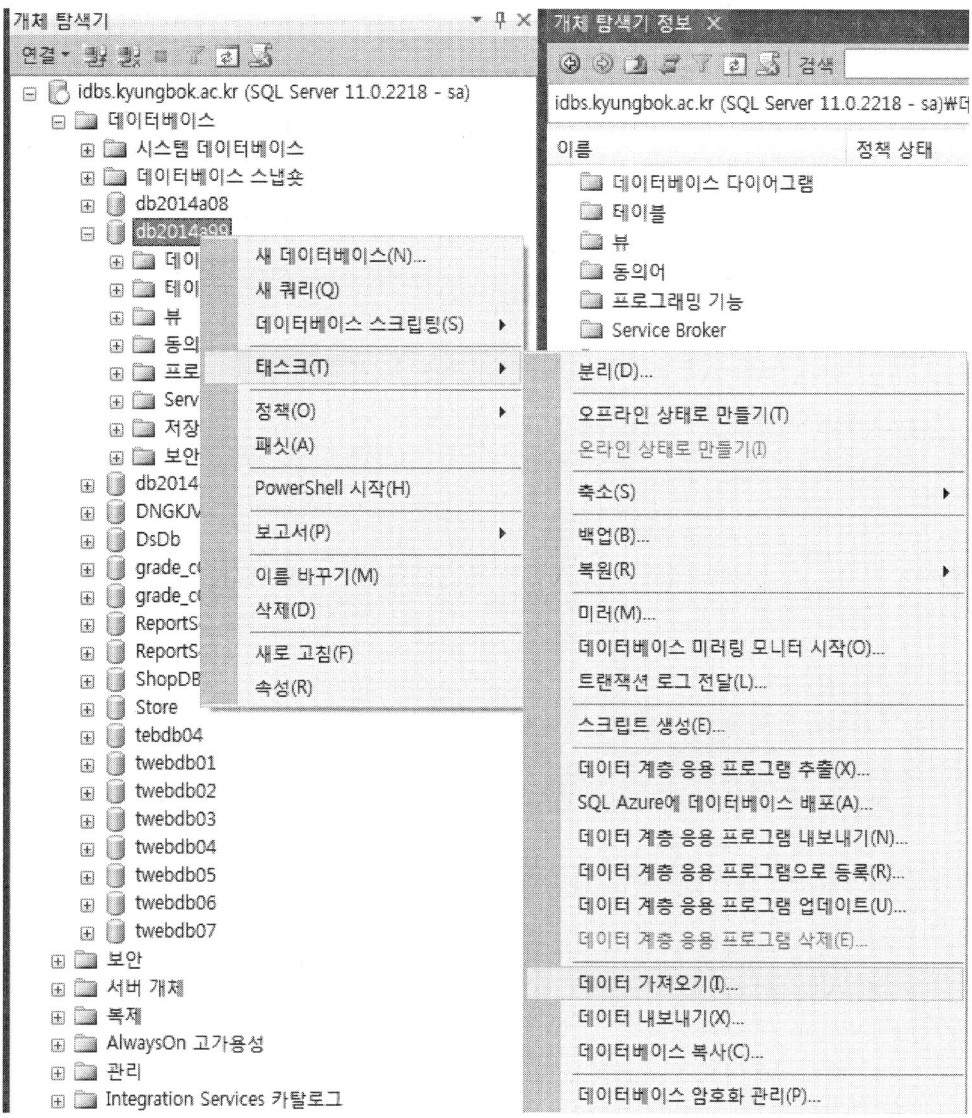

② 데이터 원본 선택 창에서 다음과 같이 처리한다.

- 데이터 원본 : [Microsoft Access] 를 선택한다.
- 파일이름 : 액세스 예제 DB인 [northwind.mdb]를 찾아 선택한다.
- 사용자 이름 및 암호 : 공백 상태로 둔다.

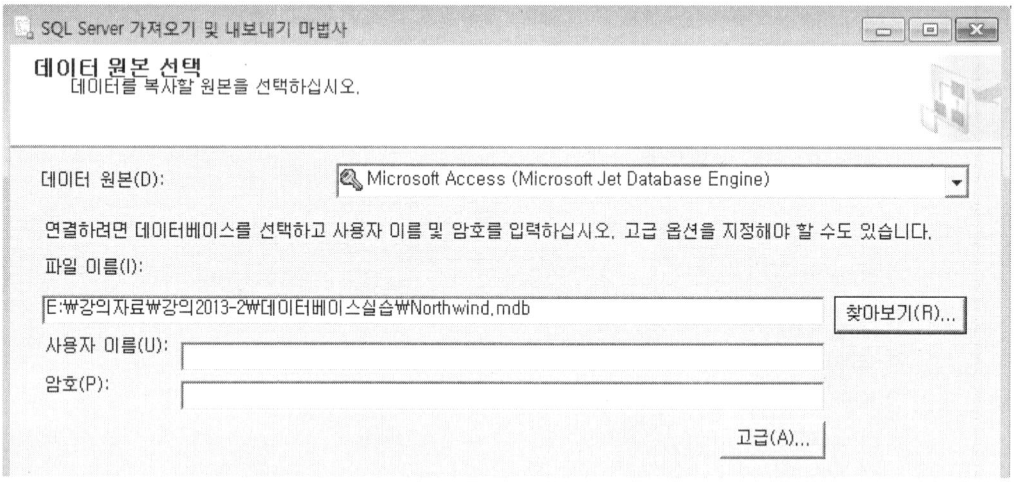

③ 대상 선택 창에서 다음과 같이 처리한다.

- 대상 : [Microsoft OLE DB Provider for SQL Server]를 선택한다.
- 서버 이름 : DB 서버 도메인명을 선택한다.
- SQL Server 인증 사용 : DB 접속 사용자 아이디와 암호를 입력한다.
- 데이터베이스 : 사용하고 있는 데이터베이스를 선택한다.

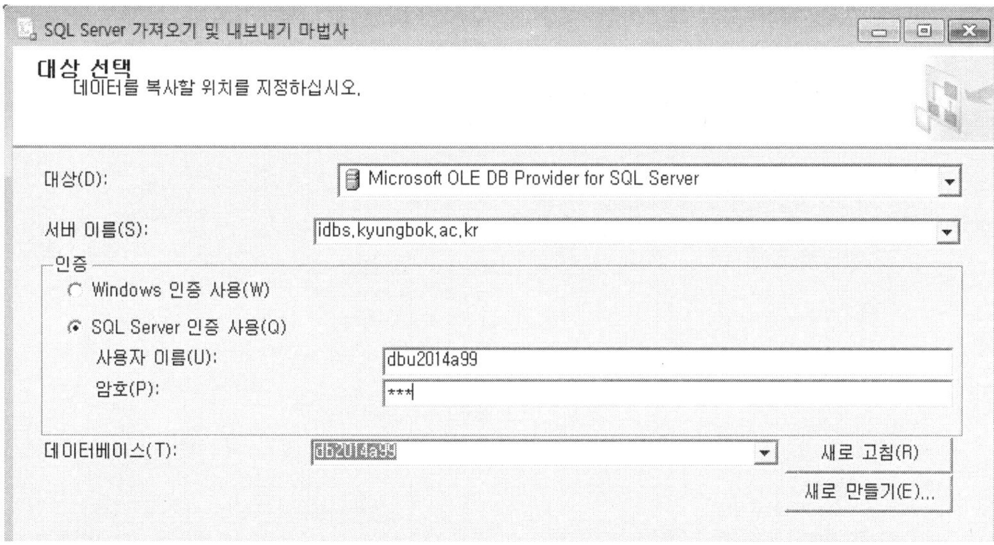

④ [하나 이상의 테이블 또는 뷰에서 데이터 복사]를 선택 후 [다음] 버튼을 클릭한다.

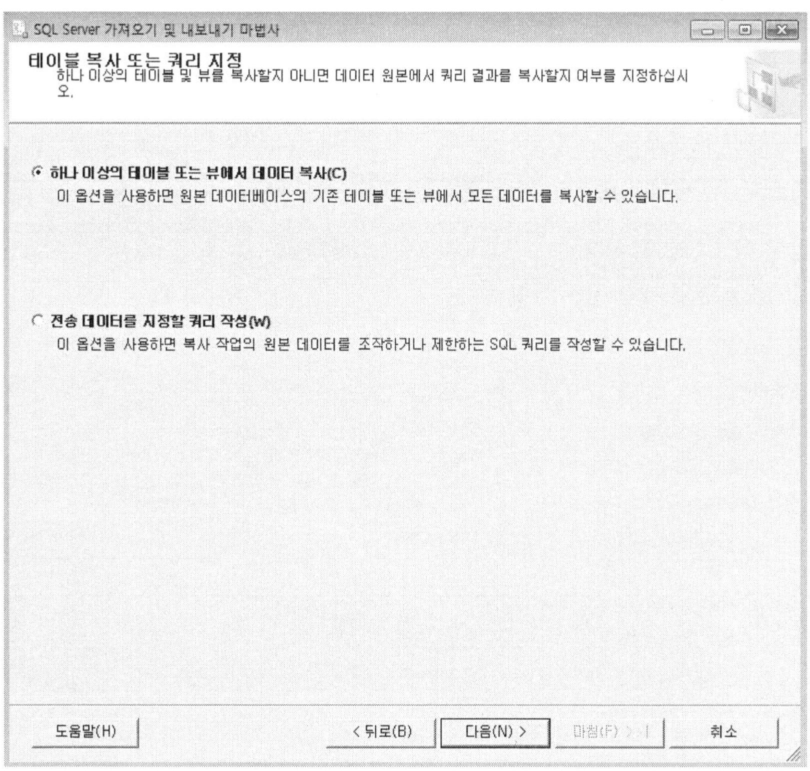

⑤ 표시되는 원본 테이블 및 뷰에서 가져오기를 원하는 테이블만 선택한다.

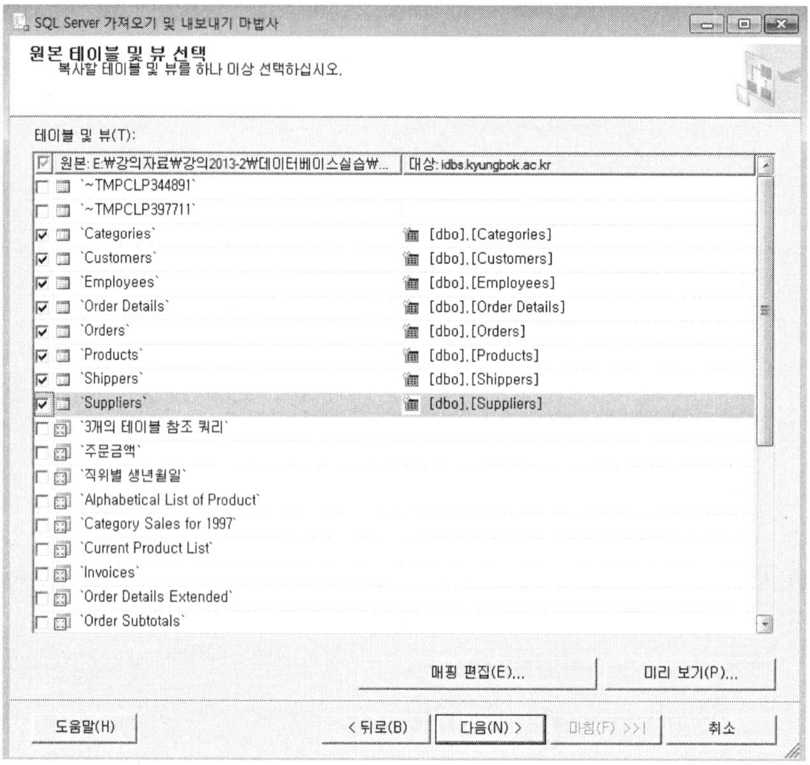

⑥ [즉시 실행]을 체크한다.

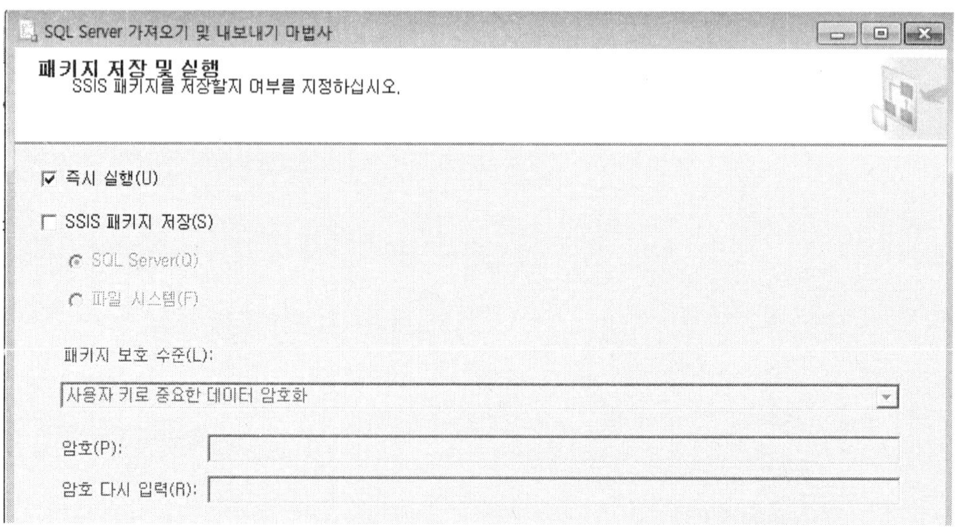

⑦ 마법사 완료 창에서 [마침]을 클릭한다.

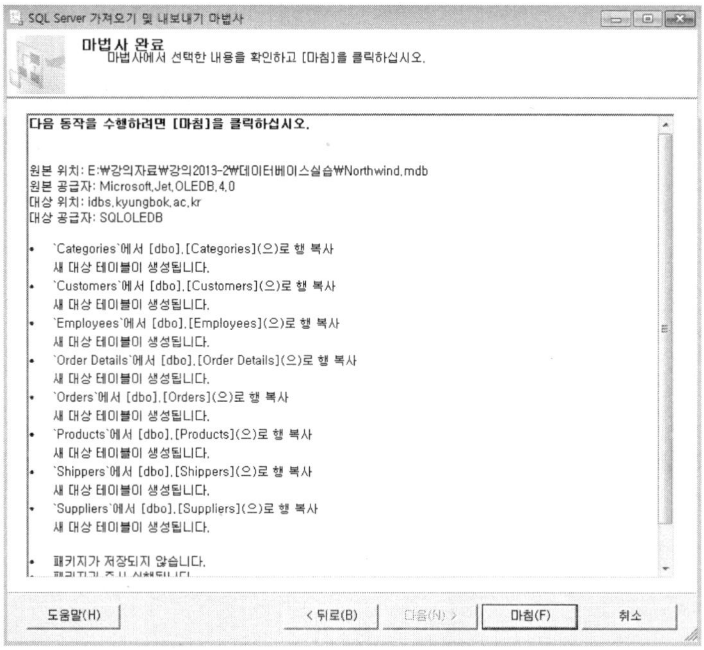

⑧ 단계별로 성공적으로 실행이 되었는지 확인 후 [닫기] 버튼을 클릭한다.

⑨ SQL 서버의 데이터베이스 내에 액세스 예제 DB인 Northwind.mdb에서 선택한 테이블들이 성공적으로 가져와졌는지 결과를 확인한다.

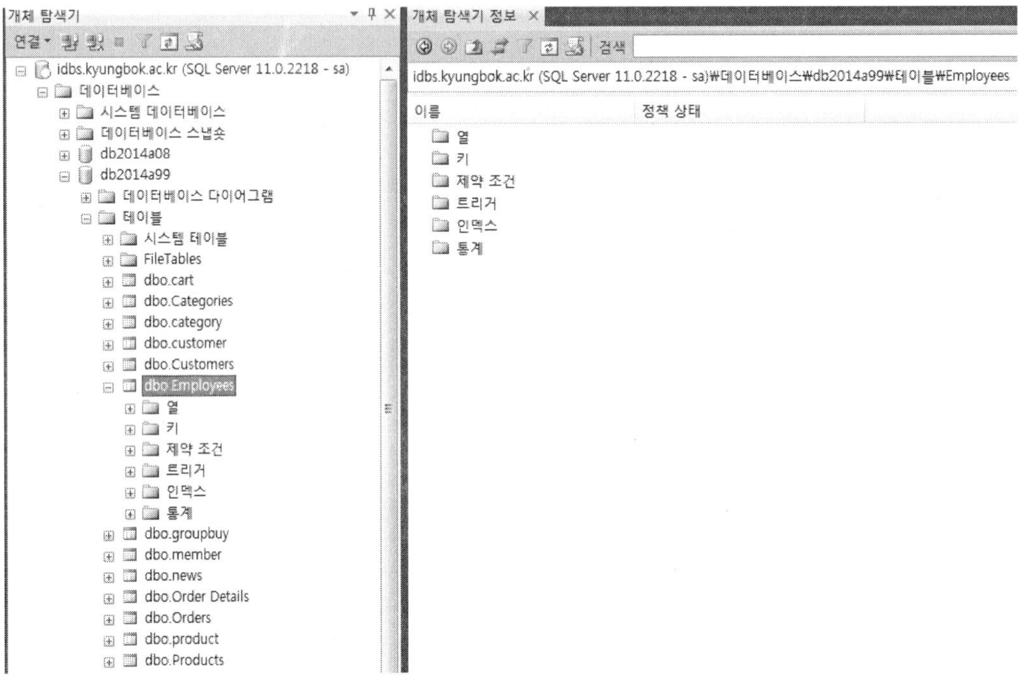

2. SQL (Structured Query Language)

1) SQL 개요

① 개념

- 구조화 질의어(SQL : Structured Query Language)
- 데이터 정의어(DDL)와 데이터 조작어(DML)를 포함한 데이터베이스용 질의 언어의 일종
- SQL은 관계사상(relational mapping)을 기초로 한 대표적인 언어로서 입력 릴레이션(테이블)으로부터 원하는 출력 릴레이션을 사상(mapping)시키는 언어

② 특징

- 특정한 데이터베이스시스템에 한정되지 않아 널리 사용
- SQL은 단순한 질의 기능뿐만 아니라 완전한 데이터 정의 기능과 조작 기능을 갖추고 있음
- SQL 서버에서 직접 대화식으로 사용할 수도 있고 VB, Delphi 등 응용 프로그램이나 ASP, JSP 등 웹 프로그램에 삽입되어서 사용할 수 있음
- SQL은 장치 독립적이고 액세스 경로에 대해서는 어떠한 참조도 하지 않으며, 개개의 레코드보다는 레코드의 집합인 테이블을 단위로 연산을 수행
- SQL은 영어 문장과 비슷한 구문을 갖고 있으므로 초보자들도 비교적 쉽게 사용 가능

③ 역사

- 1973년 SQUARE : DBMS 언어로는 1973년 SQUARE(structured queries as relational expressions)가 발표되었는데 수학적인 표현이 많아 초보자가 사용하기는 어려웠다.

- 1974년 SEQUEL : SQUARE를 기초로 1974년 SEQUEL(structured english as query language)이 IBM 의 새너제이(San Jose) 연구소에서 만들어졌다.

- 1976년 SEQUEL 2 : 다시 SEQUEL를 개선하여 1976년 SEQUEL 2가 발표되었다. 이 SEQUEL 2를 기초로 한 시스템인 오라클(Oracle) 등이 나오면서 SQL로 알려지게 되었다.

④ SQL과 Transact-SQL의 차이점

- SQL

  - 1992년에 ISO(International Standards Organization)에서 표준으로 정한 ANSI(American National Standards Institute) SQL-92를 가리킴

  - ANSI SQL을 사용해 작성된 구문은 oracle, sql server 등 다른 RDBMS에서 호환 가능 함

- Transact-SQL

  - ANSI SQL 을 보다 편리하고 유연성 있게 MS SQL Server에 확장해 놓은 것

⑤ SQL과 Transact-SQL의 공통점

- SQL과 Transact-SQL을 명확히 구분하지 않음(오라클에서는 SQL과 PL/SQL이 명확히 구분되어, 명령어 형식과 이들을 처리하는 시스템도 서로 다르지만, SQL 서버에서는 SQL과 Transact-SQL이 거의 같이 취급됨)

- SQL 서버에서만 작업하는 경우에는 SQL과 Transact-SQL을 굳이 구분할 필요가 없음

- 다른 DBMS로 이전할 가능성이 있는 경우에는 가능하면 SQL 위주로 스크립트를 작성하는 것이 좋으며, Transact-SQL에 포함된 SQL을 구분해 낼 수 있어야 함

⑥ Transact-SQL 구분

■ 데이터 정의 언어(DDL : Data Definition Language)
- 데이터베이스 개체를 만들고(CREATE) 변경(ALTER)하고 삭제(DROP)하는 데 사용

■ 데이터 제어 언어(DCL : Data Control Language)
- 특정 사용자에게 특정 개체를 제어할 수 있는 지 권한을 부여(GRANT), 거부(DENY)하는데 사용

■ 데이터 조작 언어(DML : Data Manipulation Language)
- 데이터를 선택(SELECT), 삽입(INSERT), 수정(UPDATE) 및 삭제(DELETE) 하는 데 사용

2) 기초 SQL 실습

① 실습 1 : Employees 테이블의 모든 자료가 나타나도록 SQL문 작성하기

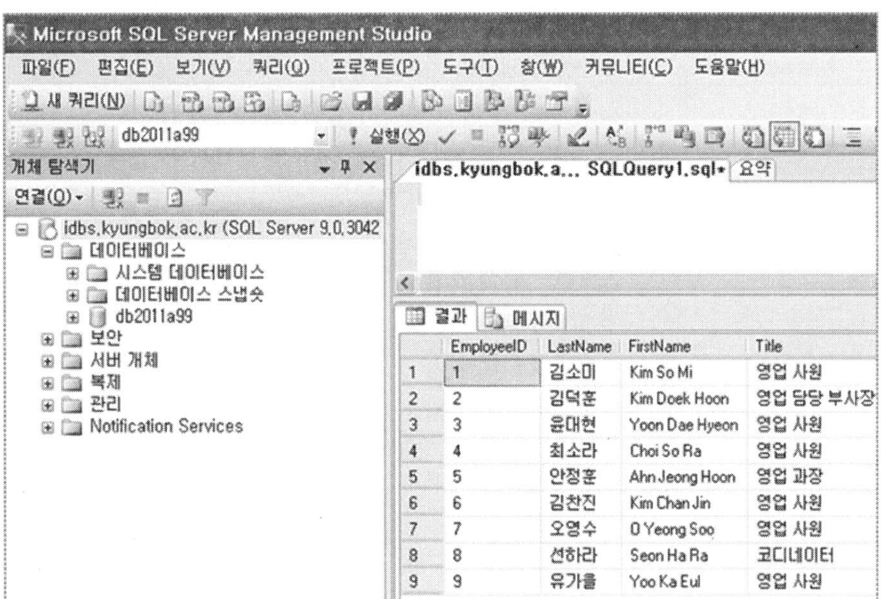

② 실습 2 : Employees 테이블에서 여직원만 나타나도록 SQL문 작성하기

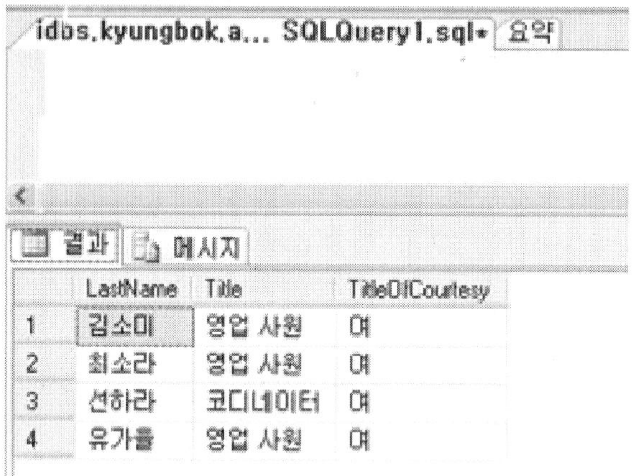

	LastName	Title	TitleOfCourtesy
1	김소미	영업 사원	여
2	최소라	영업 사원	여
3	선하라	코디네이터	여
4	유가을	영업 사원	여

③ 실습 3 : as를 사용하여 Employees 테이블에서 아래와 같이 제목 내용이 한글로 나타나도록 SQL문 작성하기

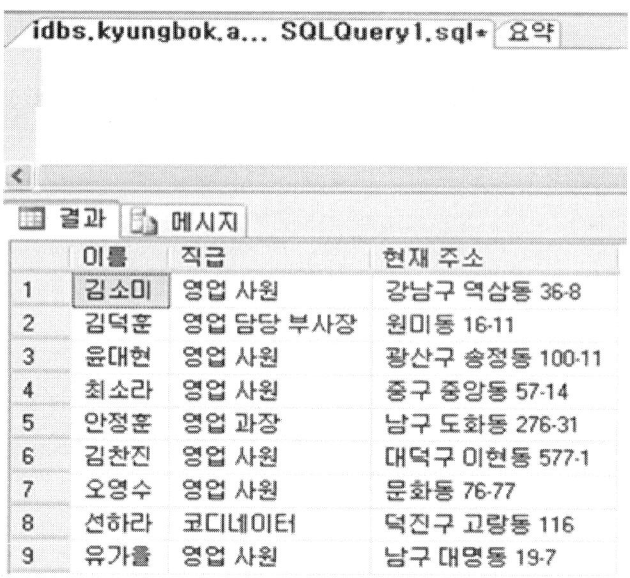

	이름	직급	현재 주소
1	김소미	영업 사원	강남구 역삼동 36-8
2	김덕훈	영업 담당 부사장	원미동 16-11
3	윤대현	영업 사원	광산구 송정동 100-11
4	최소라	영업 사원	중구 중앙동 57-14
5	안정훈	영업 과장	남구 도화동 276-31
6	김찬진	영업 사원	대덕구 이현동 577-1
7	오영수	영업 사원	문화동 76-77
8	선하라	코디네이터	덕진구 고랑동 116
9	유가을	영업 사원	남구 대명동 19-7

④ 실습 4 : like를 사용하여 Employees 테이블에서 아래와 같이 주소가 도화동인 직원만 나타나도록 SQL문 작성하기

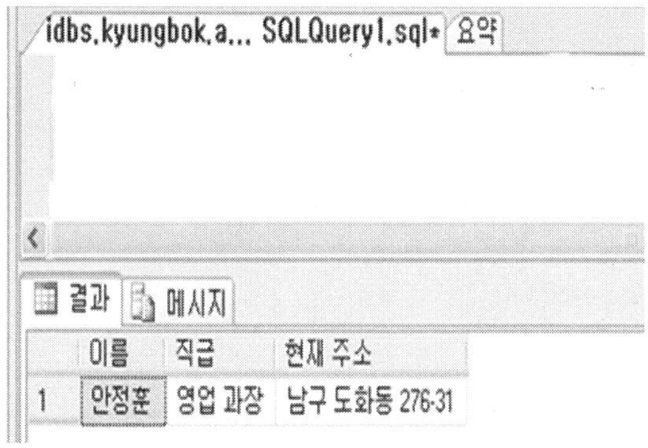

	이름	직급	현재 주소
1	안정훈	영업 과장	남구 도화동 276-31

⑤ 실습 5 : between를 사용하여 Products 테이블에서 아래와 같이 단가가 3만원대인 상품만 나타나도록 SQL문 작성하기

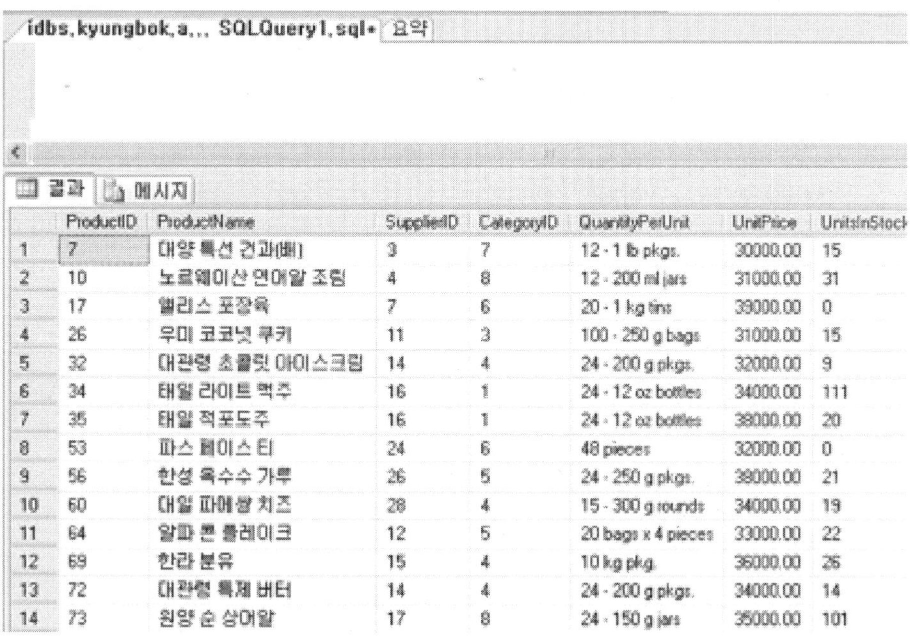

	ProductID	ProductName	SupplierID	CategoryID	QuantityPerUnit	UnitPrice	UnitsInStock
1	7	대양 특선 건과(배)	3	7	12 - 1 lb pkgs.	30000.00	15
2	10	노르웨이산 연어알 조림	4	8	12 - 200 ml jars	31000.00	31
3	17	앨리스 포장육	7	6	20 - 1 kg tins	39000.00	0
4	26	우미 코코넛 쿠키	11	3	100 - 250 g bags	31000.00	15
5	32	대관령 초콜릿 아이스크림	14	4	24 - 200 g pkgs.	32000.00	9
6	34	태일 라이트 맥주	16	1	24 - 12 oz bottles	34000.00	111
7	35	태일 적포도주	16	1	24 - 12 oz bottles	38000.00	20
8	53	파스 페이스 티	24	6	48 pieces	32000.00	0
9	56	한성 옥수수 가루	26	5	24 - 250 g pkgs.	38000.00	21
10	60	대일 파메쌍 치즈	28	4	15 - 300 g rounds	34000.00	19
11	64	알파 콘 플레이크	12	5	20 bags x 4 pieces	33000.00	22
12	69	한라 분유	15	4	10 kg pkg.	36000.00	26
13	72	대관령 특제 버터	14	4	24 - 200 g pkgs.	34000.00	14
14	73	원양 순 상어알	17	8	24 - 150 g jars	35000.00	101

⑥ 실습 6 : Null를 사용하여 Customers 테이블에서 아래와 같이 도명에 Null 값만 들어가 있는 고객만 나타나도록 SQL문 작성하기

idbs.kyungbok.a... SQLQuery1.sql* 요약

결과 | 메시지

	CustomerID	CompanyName	ContactName	ContactTitle	Address	City	Region	PostalCod
1	ANATR	원창 (주)	황영순	대표 이사	서초구 방배동 883-11	서울특별시	NULL	137-060
2	ANTON	동광 통상 (주)	조자룡	대표 이사	강서구 내발산동 318	서울특별시	NULL	157-280
3	AROUT	경성 트레이딩 (주)	구재석	영업 사원	남구 연수동 208-16	인천광역시	NULL	402-110
4	BERGS	정금 상사 (주)	최영희	영업 과장	서구 도마동 110-6	대전광역시	NULL	302-160
5	BLAUS	협우 상사 (주)	손미선	영업 사원	서대문구 남가좌 1동 121	서울특별시	NULL	120-121
6	BLONP	베네디스 유통 (주)	장선희	마케팅 2과장	영등포구 당산동 3가 16	서울특별시	NULL	150-043
7	BOLID	삼화 상사 (주)	정영일	대표 이사	부산진구 당감 3동 611-3	부산광역시	NULL	614-103
8	BONAP	서주 무역 (주)	문익한	대표 이사	용산구 갈월동 116-7	서울특별시	NULL	140-150
9	BOTTM	태강 교역 (주)	문홍미	경리 과장	사하구 신평동 701-29	부산광역시	NULL	604-030
10	CACTU	혜성 백화점 (주)	박광준	영업 사원	강남구 대치동 315-11	서울특별시	NULL	135-280
11	CENTC	진주 백화점 (주)	홍성주	마케팅 1과장	남동구 간석 3동 270-8	인천광역시	NULL	405-233
12	CHOPS	동남 상사 (주)	강태준	대표 이사	강남구 청담동 115	서울특별시	NULL	135-100
13	COMMI	대진 상사 (주)	천용만	영업 사원	노원구 공릉동 178	서울특별시	NULL	139-240
14	DRACD	극동 무역 (주)	강민수	영업 과장	송파구 잠실동 220	서울특별시	NULL	138-220

⑦ 실습 7 : desc를 사용하여 Products 테이블에서 아래와 같이 단가가 높은 순으로 상품이 정렬되어 나타나도록 SQL문 작성하기

idbs.kyungbok.a... SQLQuery1.sql* 요약

결과 | 메시지

	ProductID	ProductName	SupplierID	CategoryID	QuantityPerUnit	UnitPrice	UnitsInStock
1	29	알파 왕갈비 훈제육	12	6	50 bags x 30 sausgs.	123000.00	0
2	9	북미산 상등육 쇠고기	4	6	18 - 500 g pkgs.	97000.00	29
3	20	대양 마말레이드	8	3	30 gift boxes	81000.00	40
4	1	태양 100% 오렌지 주스	4	4	10 boxes x 20 bags	80000.00	39
5	18	대륙 냉동 참치	7	8	16 kg pkg.	62000.00	42
6	59	대일 포장 치즈	28	4	5 kg pkg.	55000.00	79
7	51	유림 사과 통조림	24	7	50 - 300 g pkgs.	53000.00	20
8	62	사계절 커스터드 파이	29	3	48 pies	49000.00	17
9	43	콜롬비아산 원두커피	20	1	16 - 500 g tins	46000.00	17
10	67	태일 브랜디	16	1	24 - 12 oz bottles	45000.00	52
11	70	트로피컬 칵테일	7	1	24 - 355 ml bottles	45000.00	15
12	63	대륙 사과 식초	7	2	15 - 625 g jars	43000.00	24

⑧ 실습 8 : distinct를 사용하여 Orders 테이블에서 아래와 같이 운송회사명이 중복되지 않도록 나타나게 SQL문 작성하기

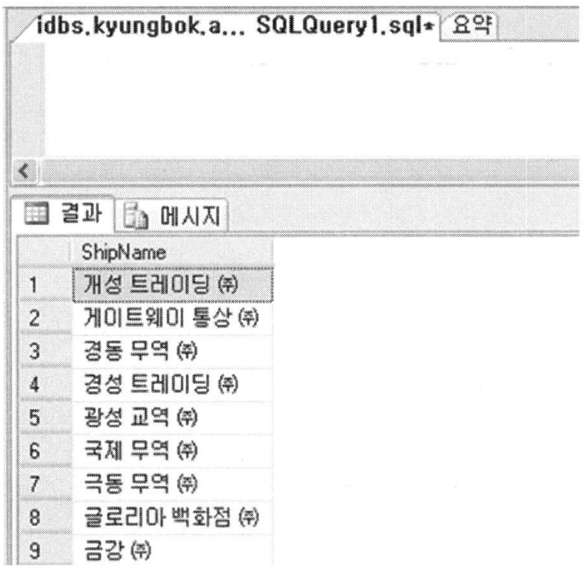

⑨ 실습 9 : Count, Sum, Max, Min, Avg 함수를 사용하여 Products 테이블에서 아래와 같이 결과가 계산되어 나타나도록 SQL문 작성하기

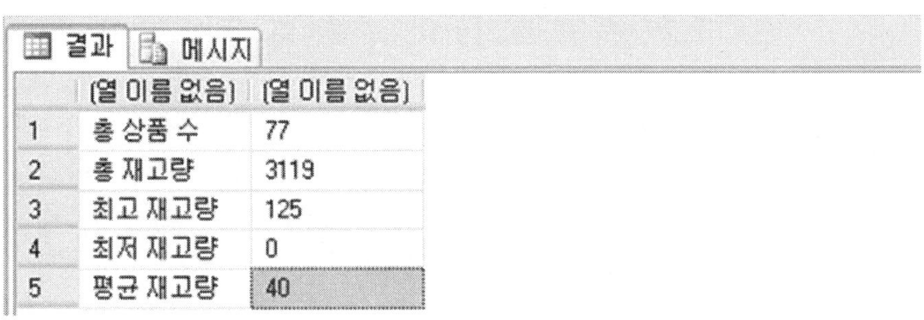

⑩ 실습 10 : group by를 사용하여 Orders 테이블에서 운송회사별로 주문 받은 평균 운임이 아래와 같이 계산되어 나타나도록 SQL문 작성하기

결과 | 메시지

	ShipName	OrderID	Freight
1	개성 트레이딩 ㈜	10307	1000.00
2	개성 트레이딩 ㈜	10317	13000.00
3	개성 트레이딩 ㈜	10544	25000.00
4	개성 트레이딩 ㈜	10662	1000.00
5	개성 트레이딩 ㈜	10665	26000.00
6	개성 트레이딩 ㈜	10867	2000.00
7	개성 트레이딩 ㈜	10883	1000.00
8	개성 트레이딩 ㈜	11018	12000.00
9	게이트웨이 통상 ㈜	10989	35000.00
10	게이트웨이 통상 ㈜	11099	0.00
11	게이트웨이 통상 ㈜	10647	46000.00

	ShipName	평균 운임
1	개성 트레이딩 ㈜	10125.00
2	게이트웨이 통상 ㈜	32800.00

⑪ 실습 11 : insert문을 사용하여 Employees 테이블에 아래와 같이 새로운 레코드가 나타나도록 SQL문 작성하기

결과 | 메시지

	EmployeeID	LastName	FirstName	Title	TitleOfCourtesy	BirthDate	HireDate	Address
1	10	이원호	Wonho Lee	CIO	남	NULL	NULL	서울 도봉구 방학동
2	1	김소미	Kim So Mi	영업 사원	여	1968-12-08 00:00:00.000	1992-05-01 00:00:00.000	강남구 역삼동 36-8
3	2	김덕훈	Kim Doek Hoon	영업 담당 부사장	남	1953-02-19 00:00:00.000	1992-08-14 00:00:00.000	원미동 16-11
4	3	윤대현	Yoon Dae Hyeon	영업 사원	남	1963-08-30 00:00:00.000	1992-04-01 00:00:00.000	광산구 송정동 100-11
5	4	최소라	Choi So Ra	영업 사원	여	1969-09-19 00:00:00.000	1993-05-03 00:00:00.000	중구 중앙동 57-14
6	5	안정훈	Ahn Jeong Hoon	영업 과장	남	1955-03-04 00:00:00.000	1993-10-17 00:00:00.000	남구 도화동 276-31
7	6	김찬진	Kim Chan Jin	영업 사원	남	1963-07-02 00:00:00.000	1993-10-17 00:00:00.000	대덕구 이현동 577-1

⑫ 실습 12 : update문을 사용하여 Employees 테이블에서 아래와 같이 EmployeeID 가 10인 사람의 직급(Title)이 CEO로 변경되도록 SQL문 작성하기

결과 | 메시지

	EmployeeID	LastName	FirstName	Title	TitleOfCourtesy
1	10	이원호	Wonho Lee	CEO	남
2	1	김소미	Kim So Mi	영업 사원	여
3	2	김덕훈	Kim Doek Hoon	영업 담당 부사장	남
4	3	윤대현	Yoon Dae Hyeon	영업 사원	남
5	4	최소라	Choi So Ra	영업 사원	여

⑬ 실습 13 : delete문을 사용하여 Employees 테이블에서 EmployeeID 가 10인 사람이 삭제되도록 SQL문 작성하기

결과 | 메시지

	EmployeeID	LastName	FirstName	Title	TitleOfCourtesy
1	1	김소미	Kim So Mi	영업 사원	여
2	2	김덕훈	Kim Doek Hoon	영업 담당 부사장	남
3	3	윤대현	Yoon Dae Hyeon	영업 사원	남
4	4	최소라	Choi So Ra	영업 사원	여
5	5	안정훈	Ahn Jeong Hoon	영업 과장	남
6	6	김찬진	Kim Chan Jin	영업 사원	남
7	7	오영수	O Yeong Soo	영업 사원	남

3) 샘플 DB 구조 및 사용권한 등록

① a_sqlDB 구조

sqlDB

회원테이블(userTbl)

아이디	이름	생년	지역	국번	전화번호	신장
PJS	박지성	1983	서울	011	1111111	181
PJY	박주영	1986	경기	011	2222222	178
JJJ	조재진	1986	충북	019	3333333	179
LCS	이천수	1983	인천	011	4444444	179
AJH	안정환	1979	강원			182
KNI	김남일	1977	경북	016	6666666	183
LYP	이영표	1983	전북			178
SKH	설기현	1978	서울	011	8888888	182
SJK	송종국	1979	경기	018	9999999	178
CJC	최진철	1975	제주	019	0000000	185

PK

구매테이블(buyTbl)

순번	아이디	물품명	분류	단가	수량
1	PJY	운동화		30	2
2	PJY	노트북	전자	1000	1
3	LCS	모니터	전자	200	1
4	CJC	모니터	전자	200	5
5	PJY	청바지	의류	50	3
6	CJC	메모리	전자	80	10
7	AJH	책	서적	15	5
8	SKH	책	서적	15	2
9	SKH	청바지	의류	50	1
10	CJC	운동화		30	2
11	SKH	책	서적	15	1
12	CJC	운동화		30	2

PK FK

② a_sqlDB 사용권한 등록

- a_sqlDB의 보안, 사용자 폴더를 차례로 선택한 후, 마우스 오른쪽 버튼을 클릭하여 나타난 단축메뉴에서 [새사용자]를 선택한다.

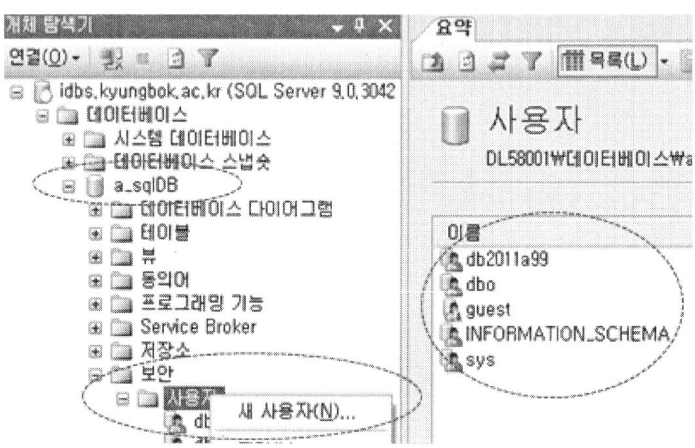

- 사용자 이름에는 a_sqlDB를 사용할 아이디를 입력하고, 이 사용자가 소유할 스키마에는 [db_owner]에 체크하고 데이터베이스 역할 멤버 자격에도 [db_owner]에 체크한 후 [확인] 버튼을 클릭한다.

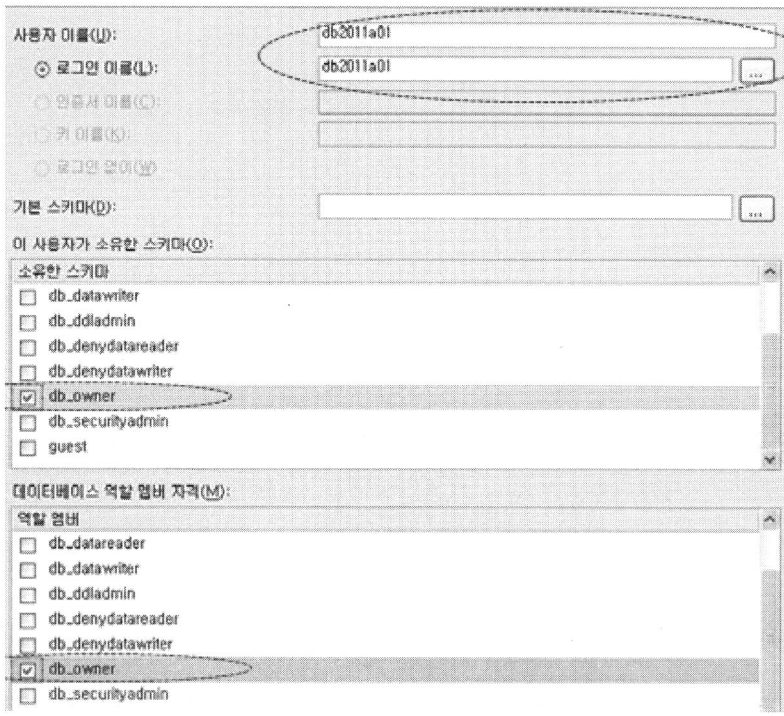

4) 고급 SQL 실습

① 주석(Comments)

- 한줄 주석
  - "--"로 시작하여 그 줄 끝까지 이어지는 코멘트
  - 한 줄로 된 코멘트를 만들거나, 명령문 뒤에 이어지는 코멘트를 만들 때, 그리고 명령문을 비활성화할 때 사용함

(예) -- 작성자 : 경복대학 컴정인
-- 작성일 : 2011년 어느 날

■ 블록 주석
- "/*"로 시작하고 "*/"로 끝나는 코멘트
- 여러 줄로 된 코멘트를 만들거나, 여러 개의 명령문들을 한꺼번에 비활성화할 때 사용함

```
(예) /* [filename.sql]
        제목:
        버전:
        개발 기간:
        개발자:
     */
```

② DB, 테이블, 열 이름 조회

■ 실습 1 목표
- DB이름, 스키마 이름, 테이블 이름 등이 정확히 기억나지 않을 때 조회하는 방법을 익힌다.

■ 실습 1 요약
- DB 조회 : EXEC sp_helpdb ;
- 테이블 정보 조회 : EXEC sp_tables @table_type = "'TABLE'" ;
- 열이름 조회 : EXEC sp_columns @table_name = '테이블이름';

③ SubQuery 활용

■ 실습 2 : 박지성보다 키가 큰 사람의 이름과 키를 출력하라.

```
SELECT Name, height
FROM   userTbl
WHERE  height > 181     -- 결과는 같으나 원하는 답이 아님

SELECT Name, height
FROM   userTbl
```

```
WHERE height  > (SELECT height
                 FROM userTbl
                 WHERE Name = '박지성')
```

④ Any 활용

■ 실습 3 : 휴대폰 국번이 019인 사람의 키보다 키가 크거나 같은 사람의 이름과 키를 출력하라.

```
SELECT Name, height
FROM    userTbl
WHERE   height  >= (SELECT height
                    FROM userTbl
                    WHERE mobile1 = '019')  -- error 발생함
```

```
SELECT Name, height
FROM    userTbl
WHERE   height  >=  ANY (SELECT height
                         FROM userTbl
                         WHERE mobile1 = '019')
```

⑤ Top 활용

■ 실습 4 : 키가 가장 큰 5명의 선수의 이름과 키를 출력하라.

```
SELECT TOP(5) name, height
FROM userTbl
```

■ 실습 5 : 키가 상위 20%에 해당하는 선수의 이름과 키를 출력하라.

```
SELECT TOP(20) PERCENT name, height
FROM userTbl
```

⑥ Select Into 활용

■ 실습 6 : SELECT INTO ➔ 테이블 복사에 주로 사용

```
SELECT 복사할열
INTO    새로운테이블
FROM   기존테이블

SELECT *
INTO      buyTbl2
FROM     buyTbl

SELECT userid, prodName
INTO      buyTbl3
FROM     buyTbl
```

⑦ Having 활용

■ 실습 7 : 사용자별 총구매액을 구하여, 총구매액이 1000이상인 사용자와 총구매액을 출력하라.

```
SELECT userid AS [사용자], SUM(price*amount) [총구매액]
FROM buyTbl
WHERE SUM(price*amount) >= 1000
GROUP BY userid    --error, 집계함수-where절 사용 못함.

SELECT userid AS [사용자], SUM(price*amount) [총구매액]
FROM buyTbl
GROUP BY userid
HAVING SUM(price*amount) >= 1000
```

⑧ Compute 활용

■ 실습 8 : COMPUTE ➔ 전체를 나열한 후에, 그 집계결과가 출력

```
SELECT *, price*amount AS [소계]
FROM buyTbl
COMPUTE SUM(price * amount)
COMPUTE AVG(price * amount)
```

- 실습 9 : COMPUTE BY➔ 각 소그룹 단위로 집계함수를 사용

```
SELECT      *, price * amount AS [소계]
FROM         buyTbl
ORDER BY groupName
COMPUTE  SUM(price * amount) BY groupName
COMPUTE  AVG(price * amount) BY groupName
```

⑨ 내부 조인(Inner Join)

- 개념
  - 조인(Join)은 두 개 이상의 테이블을 서로 묶어서 하나의 결과 집합으로 만들어 내는 것
  - 내부 조인(Inner Join)은 조인 중 가장 많이 사용됨.
  - 일반적인 조인은 이 INNER JOIN을 애기하는 것임.

- 구문 형식

```
SELECT <열 목록>
FROM <첫 번째 테이블>  INNER JOIN <두 번째 테이블>
                                  ON  <조인될 조건>
WHERE <검색조건>
```

- 실습 10 : 구매 테이블에서 중에서'LCS'라는 아이디를 가진 사람이 구매한 물건을 발송하기 위해서, 이름/주소/연락처 등을 조인하기

```
SELECT *
FROM buyTbl  INNER JOIN userTbl
        ON buyTbl.userid = userTbl.userid
```

```
WHERE buyTbl.userid = 'LCS'
```

❖ INNER JOIN 의 결과행 및 작동순서

	num	userid	prodName	groupName	price	amount	userID	name	birthYear	addr	mobile1	mobile2	height
1	3	LCS	모니터	전자	300	1	LCS	이천수	1983	인천	011	4444444	179

(1) LCS를 추출

(2) LCS와 동일한 아이디 검색

(3) 두 행을 결합

회원테이블(userTbl)

아이디	이름	생년	지역	국번	전화번호	신장
PJS	박지성	1983	서울	011	1111111	181
PJY	박주영	1986	경기	011	2222222	178
JJJ	조재진	1986	충북	019	3333333	179
LCS	이천수	1983	인천	011	4444444	179
AJH	안정환	1979	강원			182
KNI	김남일	1977	경북	016	6666666	183
LYP	이영표	1983	전북			178
SKH	설기현	1978	서울	011	8888888	182
SJK	송종국	1979	경기	018	9999999	178
CJC	최진철	1975	제주	019	0000000	185

PK

구매테이블(buyTbl)

순번	아이디	물품명	분류	단가	수량
1	PJY	운동화		30	2
2	PJY	노트북	전자	1000	1
3	LCS	모니터	전자	200	1
4	CJC	모니터	전자	200	5
5	PJY	청바지	의류	50	3
6	CJC	메모리	전자	80	10
7	AJH	책	서적	15	5
8	SKH	책	서적	15	2
9	SKH	청바지	의류	50	1
10	CJC	운동화		30	2
11	SKH	책	서적	15	1
12	CJC	운동화		30	2

PK FK

- 실습 11 : 별칭(Alias)의 사용

  테이블의 별칭을 사용함으로써 코드를 간결화 할 수 있다.

  - 별칭을 사용하기 전

```
SELECT buyTbl.userid, userTbl.name, buyTbl.prodName,
userTbl.addr, userTbl.mobile1 + userTbl.mobile2  AS [연락처]
 FROM buyTbl  INNER JOIN userTbl
                    ON buyTbl.userid = userTbl.userid
```

  - 별칭을 사용한 후

```
SELECT B.userid, U.name, B.prodName, U.addr, U.mobile1
    + U.mobile2  AS [연락처]
 FROM buyTbl B  INNER JOIN userTbl U
                    ON B.userid = U.userid
```

제5장 트랜잭션/제약조건/다이어그램

1. 트랜잭션 작동 및 복구

1) 데이터베이스의 기본 구조

① 데이터베이스의 물리적 실체

- 데이터베이스는 물리적으로 파일임
- 기본적으로 '*.mdf'와 '*.ldf' 두 파일이 생김

■ 데이터 파일
- "*.mdf" 또는 "*.ndf"로 생성됨
- 이 파일에는 데이터베이스 개체(테이블, 인덱스 등)와 그 행 데이터가 저장됨

■ 트랜잭션 로그파일
- "*.ldf" 로 생성됨.
- 데이터의 변경에 대한 내용을 기록해 두는 공간
- 정전 등의 응급상황에서 입력된 데이터가 완전하도록 함

② SQL문이 동작하는 데이터베이스의 간단한 구조도

■ SELECT 문 : 1 → 2 → 4

(예) SELECT addr FROM userTbl

■ UPDATE 문 : 1 → 3 → 2 → 4

(예) UPDATE userTbl SET addr = '서울'
WHERE userid = 'PJY'

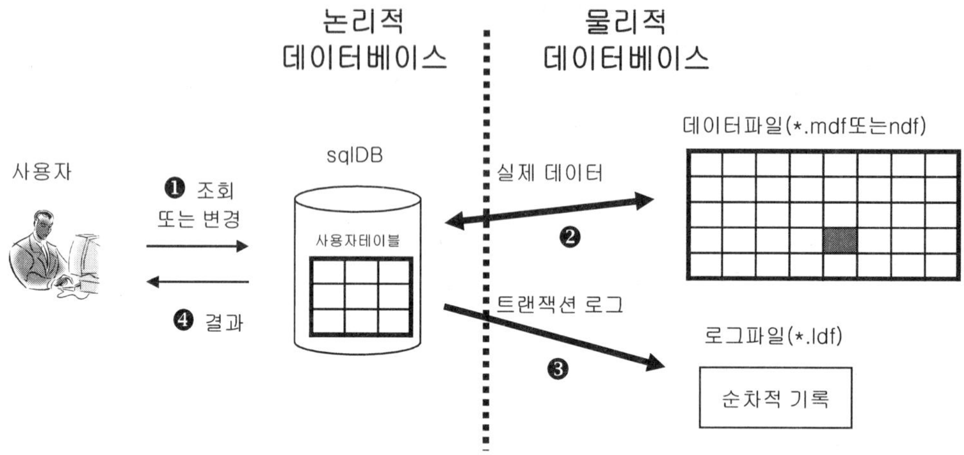

2) 트랜잭션 (Transaction)

① 트랜잭션 개념 및 구문 형식

■ 트랜잭션 개념

- 하나의 논리적 작업단위로 수행되는 일련의 작업
- SQL문(SELECT/INSERT/UPDATE/DELETE)의 묶음
- 한 단위의 트랜잭션은 모두 처리되거나, 모두 처리 되지 않도록 DBMS가 관리해 준다.

■ 구문 형식

```
BEGIN TRANSACTION(또는 BEGIN TRAN)
    SQL 문장들
COMMIT TRANSACTION(또는 COMMIT TRAN)
```

② 자동 커밋 트랜잭션 작동

■ 일반적으로 사용하는 SQL문

UPDATE userTbl SET addr = N'서울' WHERE userID = N'AJH' -- 안정환

UPDATE userTbl SET addr = N'경기' WHERE userID = N'CJC' - 최진철

■ 자동 커밋 트랜잭션 방식에 의한 내부 작동

```
BEGIN TRANSACTION
        UPDATE userTbl SET addr = N'서울'
        WHERE userID = N'AJH' -- 안정환
COMMIT TRANSACTION

BEGIN TRAN
        UPDATE userTbl SET addr = N'경기'
         WHERE userID = N'CJC' -- 최진철
COMMIT TRAN
```

2) 트랜잭션 작동 방식

트랜잭션의 작동 방식 예제

```
BEGIN TRAN
        UPDATE 1 ➔ 11
        UPDATE 2 ➔ 22
        UPDATE 3 ➔ 33
COMMIT TRAN
```

(1) BEGIN TRAN 실행

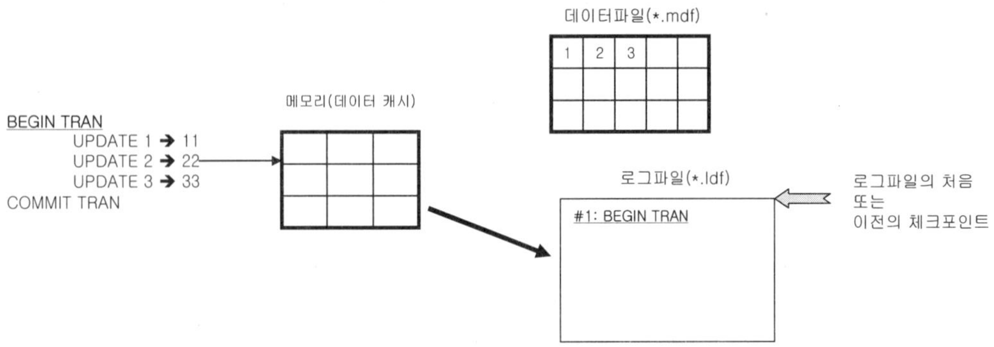

(2) UPDATE 1 → 11 실행

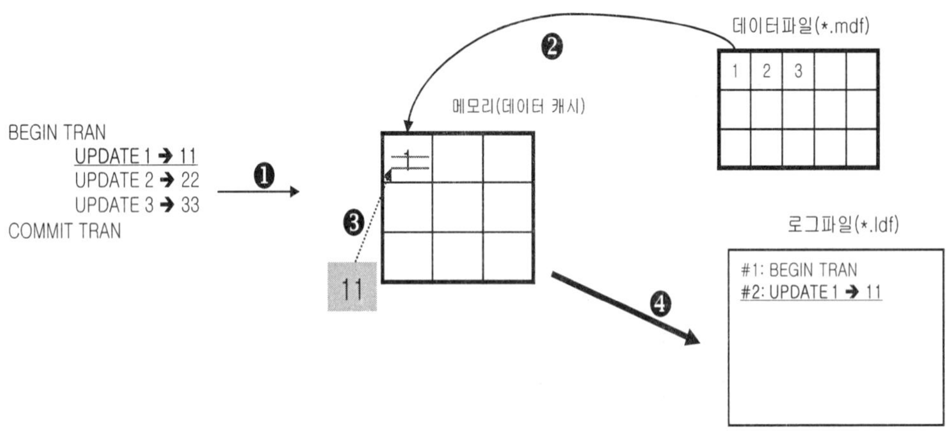

(3) UPDATE 2 → 22, UPDATE 3 → 33 실행

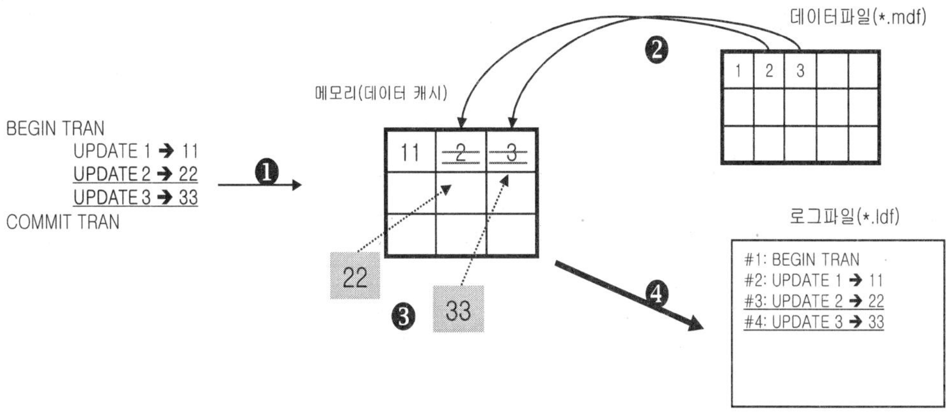

(4) COMMIT TRAN 실행

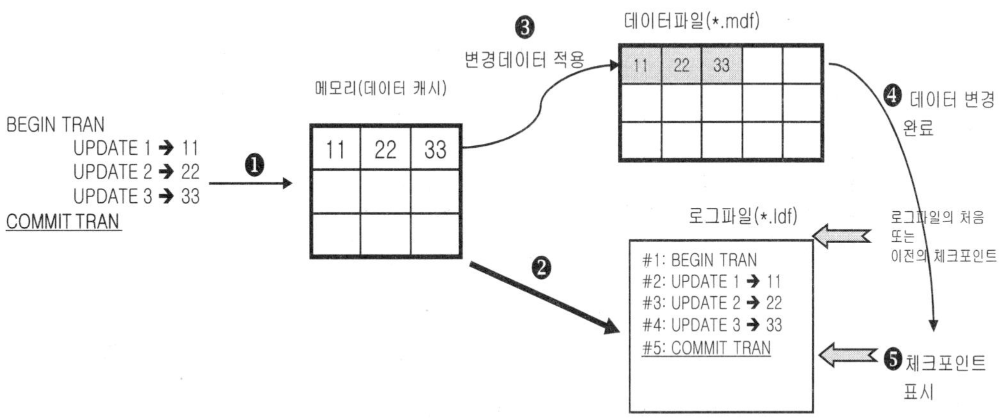

3) 사고 후의 작동 방식

(1) "트랜잭션의 작동방식 (1)" 완료된 후에 정전 → 다시 전원이 들어오면..

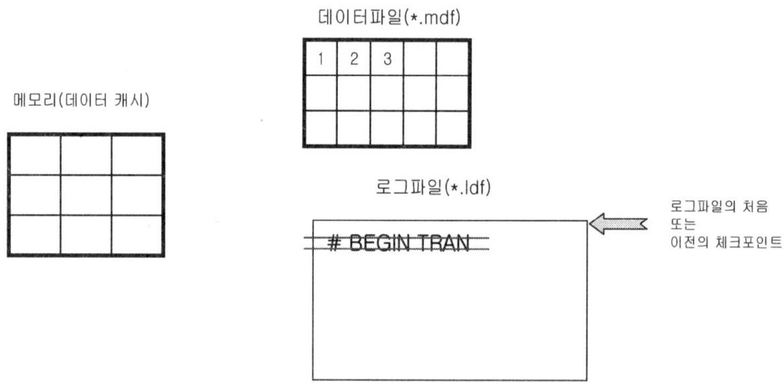

(2) "트랜잭션의 작동방식 (2)" 완료된 후에 정전 → 다시 전원이 들어오면..

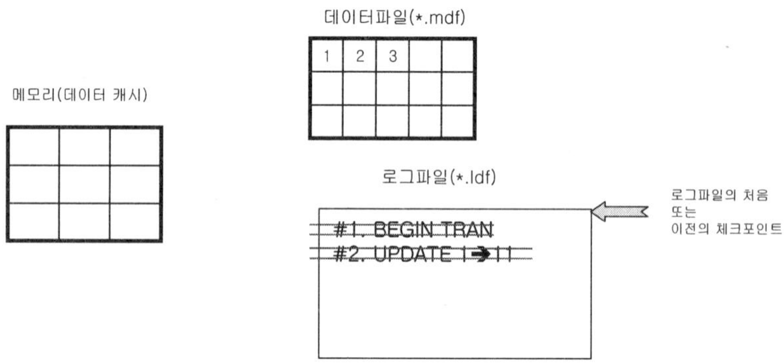

"트랜잭션의 작동방식 (3)" 완료된 후에 정전 → 다시 전원이 들어오면..
위와 동일한 작업을 함

(3) "트랜잭션의 작동방식 (4)"에서 ②번의 로그 파일에 COMMIT TRAN을 기록한 직후에, 정전이 되고 다시 전원이 들어온 경우 (즉, 로그 파일에는

모두 적용이 되었으나 데이터 파일에는 적용되지 않고 정전된 경우)

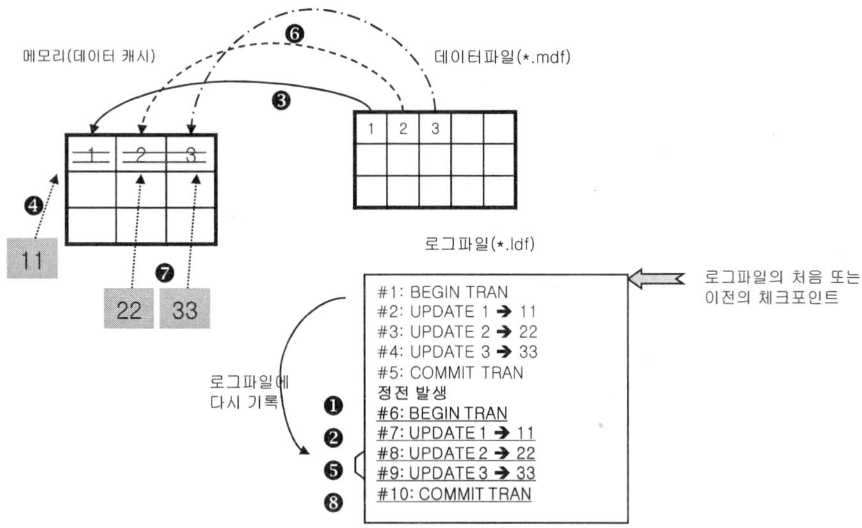

앞 그림의 ⑧번까지 진행 한 후에 …

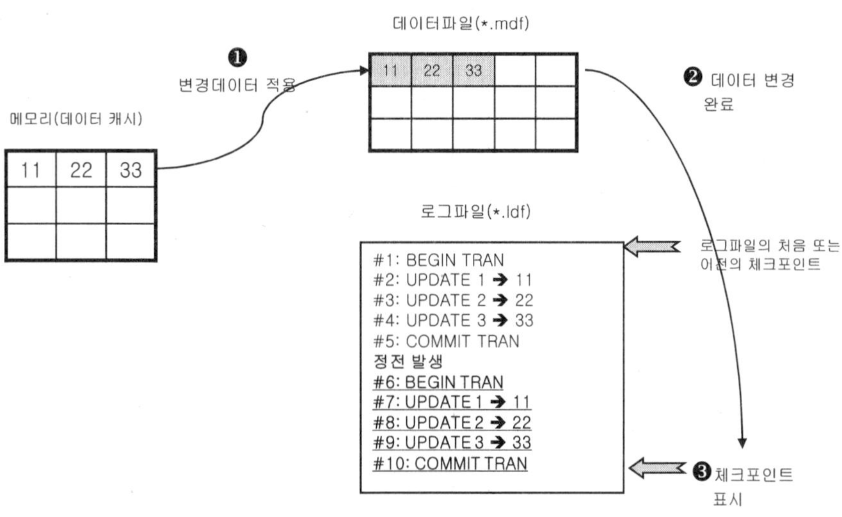

4) 트랜잭션 복구 사례

(사례) A 통장에서 B 통장으로 100만원을 송금

정상) A 통장 : -100만원 ====⇒ B 통장 : +100만원

에러) A 통장 : -100만원 ====⇒ B 통장 : +100만원

A 통장 : -100만원 B 통장 : 0원

=> 로그파일을 이용하여
A 통장 : +100만원 입금 or
A 통장 : -100만원 취소

2. 테이블 제약조건

1) 데이터 무결성 (Integrity)

① 개체 무결성

- 기본키가 Null 값을 가질 수 없음
- 이렇게 되면 모든 필드는 키필드에 종속 됨

② 도메인 무결성

- 필드의 유효한 값만을 허용
- 데이터 타입, Null 허용여부 등이 도메인 무결성 을 지켜 줌

③ 참조 무결성

- 외래키가 참조하는 기본키는 반드시 존재해야 함
- 외래키가 참조하고 있는 기본키는 임의로 삭제 불가

2) 데이터 형식(Type)

① 문자 데이터 :

- char, nchar, varchar, nvarchar 차이점 이해하기

(예 1) 주민등록번호가 char(13) 이유는?

(예 2) 주소가 nvarchar(50) 이유는?

② 숫자 데이터

- int(정수) , real(실수), Bit(0 또는 1)

③ 날짜/시각 데이터

- datetime : 밀리초(ms)까지 나타낸다.
- smalldatetime : 분 까지 나타낸다.

3) 기본 키와 외래 키

tableDB

회원테이블(userTbl)

아이디	이름	생년	지역	국번	전화번호	신장
PJS	박지성	1983	서울	011	1111111	181
PJY	박주영	1986	경기	011	2222222	178
JJJ	조재진	1986	충북	019	3333333	179
LCS	이천수	1983	인천	011	4444444	179
AJH	안정환	1979	강원			182
KNI	김남일	1977	경북	016	6666666	183
LYP	이영표	1983	전북			178
SKH	설기현	1978	서울	011	8888888	182
SJK	송종국	1979	경기	018	9999999	178
CJC	최진철	1975	제주	019	0000000	185

PK

구매테이블(buyTbl)

순번	아이디	물품명	분류	단가	수량
1	PJY	운동화		30	2
2	PJY	노트북	전자	1000	1
3	LCS	모니터	전자	200	1
4	CJC	모니터	전자	200	5
5	PJY	청바지	의류	50	3
6	CJC	메모리	전자	80	10
7	AJH	책	서적	15	5
8	SKH	책	서적	15	2
9	SKH	청바지	의류	50	1
10	CJC	운동화		30	2
11	SKH	책	서적	15	1
12	CJC	운동화		30	2

PK FK

① 기본 키 (primary key)

■ 개념

- 데이터의 무결성을 지키기 위한 제한된 조건
  (즉, 특정 데이터를 입력할 때 무조건 입력되는 것이 아니라, 어떠한 조건을 만족했을 때에만 입력되도록 제한하는 것)

- 테이블의 각 행들을 구분할 수 있는 식별자

- 중복될 수 없고, NULL값이 입력될 수 없음

- 기본 키로 설정하면 자동으로 클러스터형 인덱스가 생성됨

■ 기본 키 설정 예

- CREATE TABLE *userTbl*
  (userID nchar(8) NOT NULL *PRIMARY KEY,*
  name nvarchar(10) NOT NULL,

- CREATE TABLE *userTbl*
  (userID nchar(8) NOT NULL
  CONSTRAINT PK_userID PRIMARY KEY ,
  name nvarchar(10) NOT NULL,

② 외래 키 (foreign key)

■ 개념

- 두 테이블 간의 관계를 선언함으로써 데이터의 무결성을 보장해 줌
- 외래키 관계를 설정하게 되면 하나의 테이블이 다른 테이블에 의존하게 됨

- '외래키 테이블'에 데이터를 입력할 때는 꼭 '기준 테이블'을 참조해서 입력하므로, '기준 테이블'에 이미 데이터가 존재해야만 함

■ 외래 키 설정 예

```
- CREATE TABLE userTbl
  ( userID   nchar(8) NOT NULL PRIMARY KEY ,
      ......
  )
  GO

- CREATE TABLE buyTbl
  (  num int NOT NULL PRIMARY KEY,
     userid   nchar(8) NOT NULL
           FOREIGN KEY REFERENCES userTbl(userID) ,
```

4) ID와 Unique

① ID(Identity)의 자동증가 설정

■ 자동 증가 대상이 되는 필드(예 : 순번)의 데이터 형식은 int 이어야 함

■ ID 사양을 클릭하여 '예'로 선택

■ ID 초기 값은 1이고 레코드가 삽입될 때마다 자동으로 ID 값이 1씩 증가하도록 설정 (즉, 순번 필드가 자동으로 1씩 증가한다는 의미)

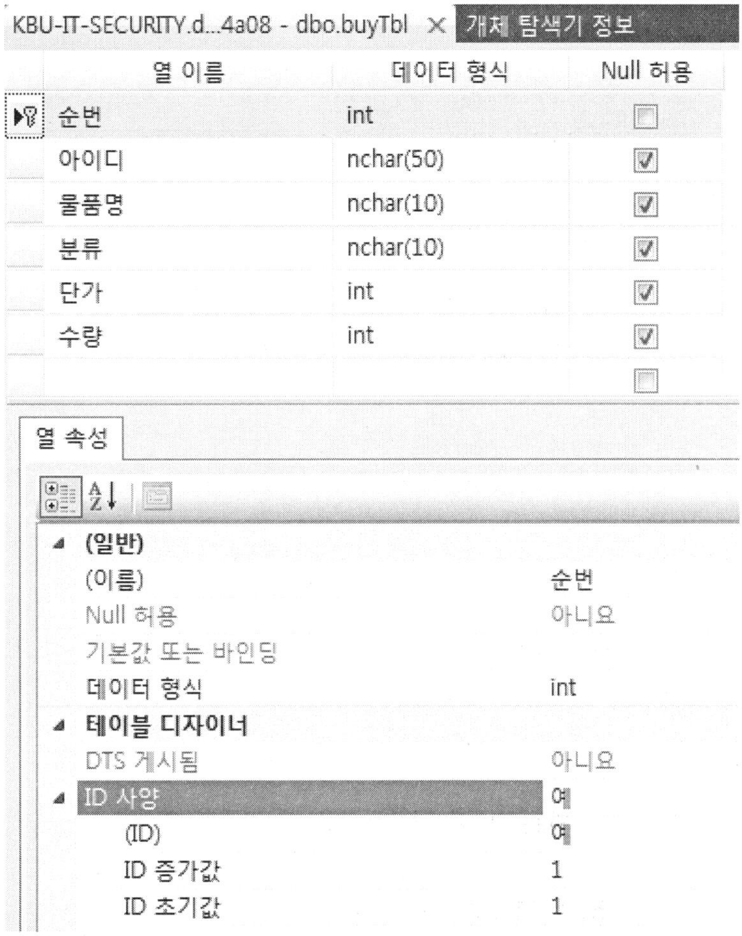

② Unique

■ 개념

- 중복되지 않는 유일한 값을 입력해야 함

- Primary Key 제약조건과 거의 비슷하며
  <u>차이점은 Null값을 단 1개만 허용한다는 것</u>

■ Unique 설정 예

```
- CREATE TABLE userTbl
  ( userID   nchar(8) NOT NULL PRIMARY KEY,
      ......
    email    nchar(30) NULL   UNIQUE )
```

```
- CREATE TABLE userTbl
  ( userID   nchar(8) NOT NULL PRIMARY KEY,
      ......
    email    nchar(30) NULL
             CONSTRAINT AK_email   UNIQUE )
```

5) Check

① Check 제약 조건

■ 개념

- 입력되는 데이터를 점검하는 기능

- Check 제약조건이 설정되면 제약조건에 위배되는 데이터는 입력 안됨

■ Check 설정 예

- 출생년도가 1900년 이후이고 현재 시간 이전이어야 하는 조건을 지정

```
- ALTER TABLE userTbl
  ADD CONSTRAINT CK_birthYear
  CHECK
        (생년 >= 1900 AND 생년 <= YEAR(GETDATE()))
```

② 실습 1 : 박지성 생년월일을 1883으로 입력하면 제약조건 CK_bithYear 와 충돌 오류로 아래와 같은 메시지가 나타남

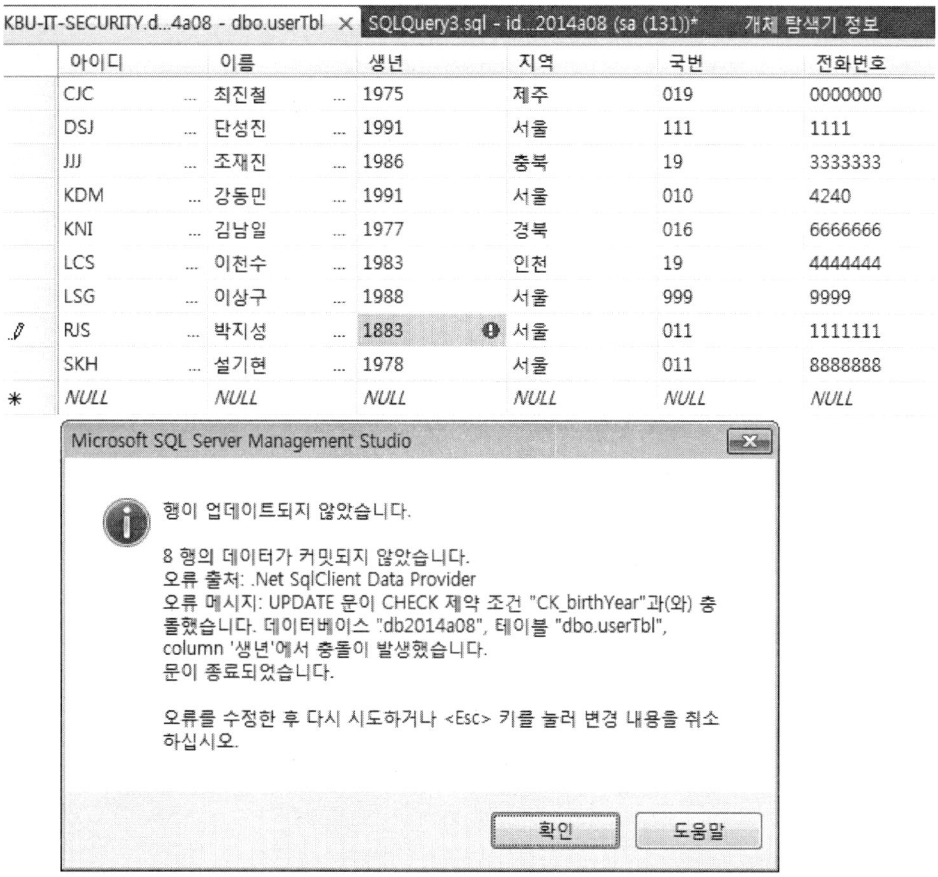

③ 실습 2 : 제약조건 CK_bithYear의 속성을 아래와 같이 편집 가능

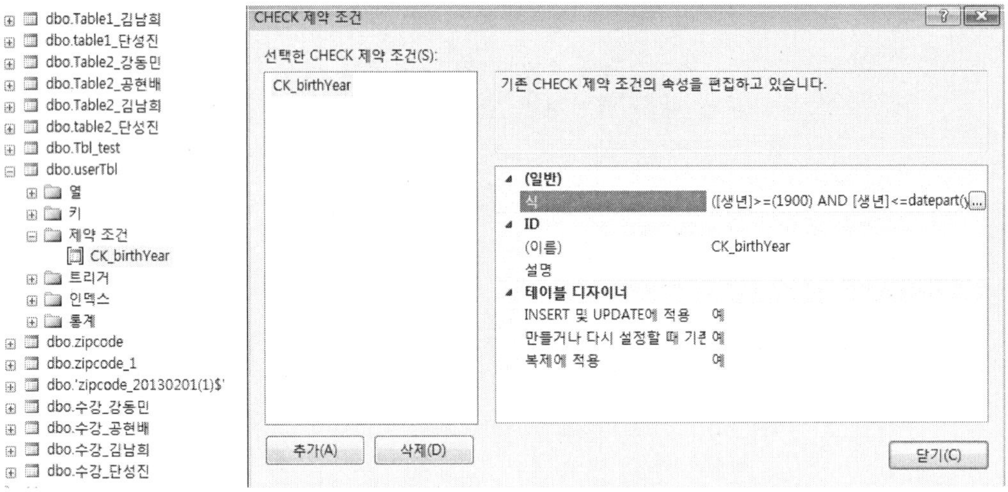

④ 실습 3 : 제약조건 CK_bithYear 아래와 같이 개체 삭제 창에서 삭제 가능

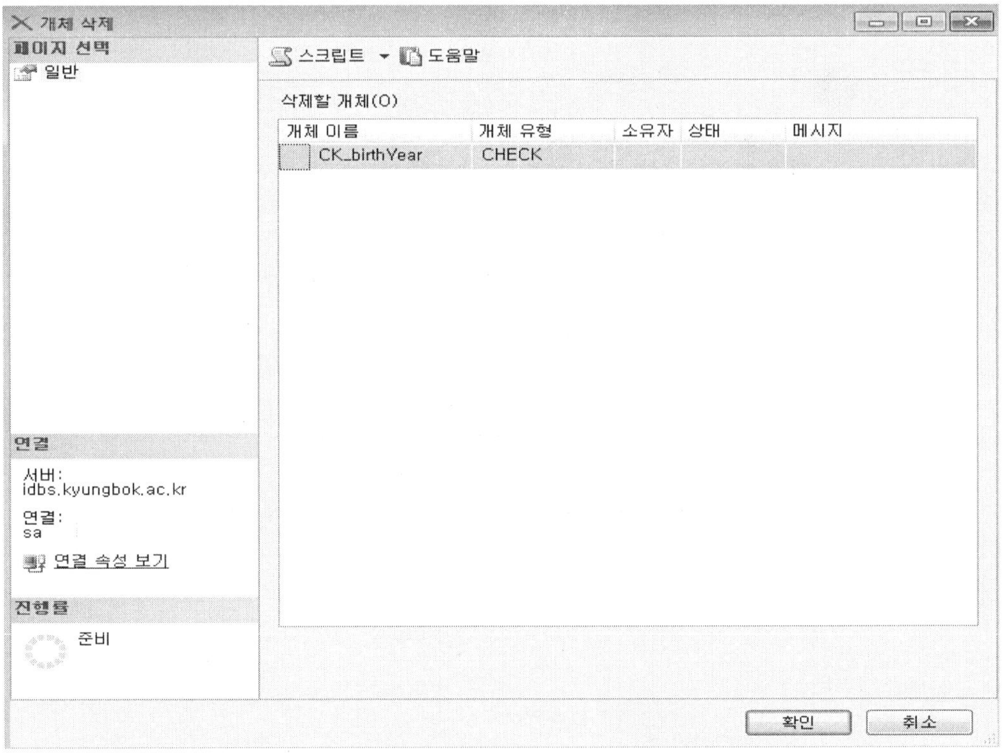

6) Default

① Default 설정

■ 개념

- 데이터를 입력하지 않았을 때 자동으로 입력되는 값을 정의하는 방법
  (단, 값이 직접 명기되면 DEFAULT로 설정된 값은 무시)

  (예) 출생년도를 입력하지 않으면 그냥 현재의 연도를 입력하고,
  주소를 특별히 입력하지 않았다면 '서울'이 입력되도록 하는 것

■ Default 설정 예

```
- CREATE TABLE userTbl
  ( userID   nchar(8) NOT NULL PRIMARY KEY,
    name     nvarchar(10) NOT NULL,
    birthYear   int NOT NULL DEFAULT YEAR(GETDATE()),
    addr      nchar(4) NOT NULL DEFAULT '서울' ,
     ......
```

- default 문은DEFAULT로 설정된 값을 자동 입력한다.

```
INSERT INTO userTbl VALUES('WJN','우재남', default, default,
        '019', '1231234', default)
```

- 열 이름이 명시되지 않으면 DEFAULT로 설정된 값을 자동 입력한다.

```
INSERT INTO userTbl(userID,name) VALUES('WJW','우지운')
```

② 실습 1 : 디폴트 설정 대상 필드를 선택한 후, 열속성에서 [기본값 또는 바인딩]에 디폴트 값(예 : 서울)을 설정

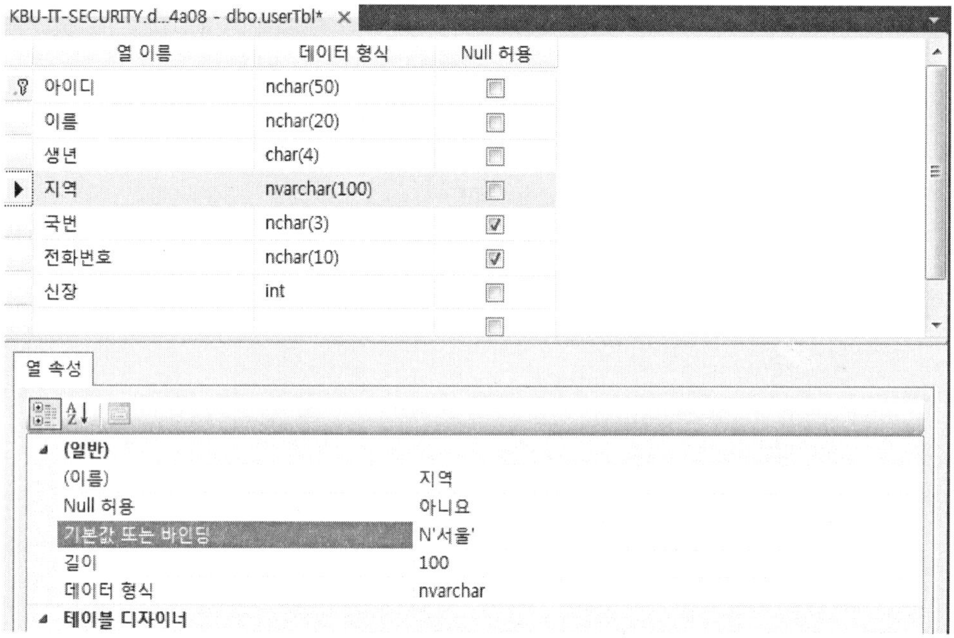

③ 실습 2 : 히딩크의 지역을 입력 안할시 default로 설정된 '서울' 값이이 자동으로 입력되어 저장되어진다.

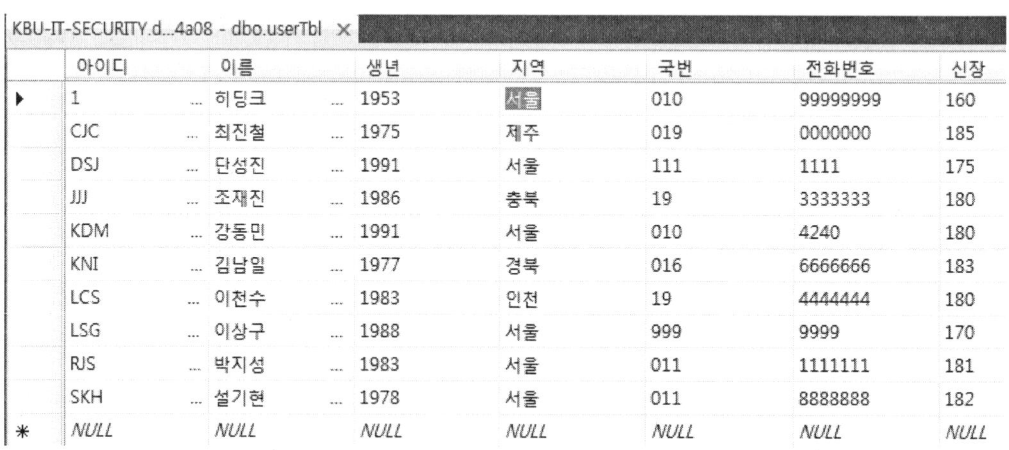
KBU-IT-SECURITY.d...4a08 - dbo.userTbl

아이디	이름	생년	지역	국번	전화번호	신장
1	히딩크	1953	서울	010	99999999	160
CJC	최진철	1975	제주	019	0000000	185
DSJ	단성진	1991	서울	111	1111	175
JJJ	조재진	1986	충북	19	3333333	180
KDM	강동민	1991	서울	010	4240	180
KNI	김남일	1977	경북	016	6666666	183
LCS	이천수	1983	인천	19	4444444	180
LSG	이상구	1988	서울	999	9999	170
RJS	박지성	1983	서울	011	1111111	181
SKH	설기현	1978	서울	011	8888888	182
NULL	NULL	NULL	NULL	NULL	NULL	NULL

7) 테이블 제약조건 확인

저장 프로시저인 sp_helpconstraint 를 실행하여 특정 테이블의 제약조건들을 확인할 수 있다.

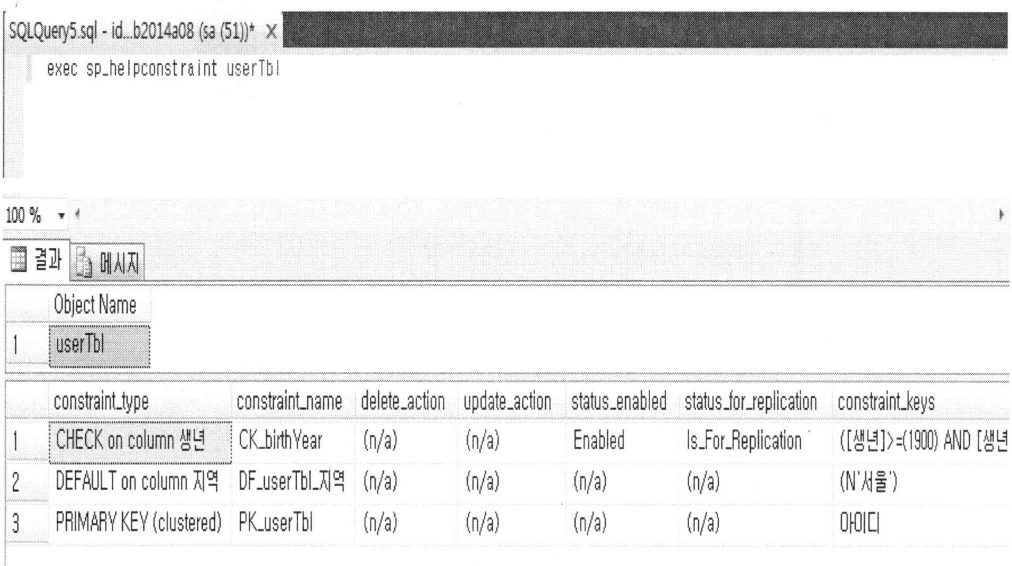

	Object Name
1	userTbl

	constraint_type	constraint_name	delete_action	update_action	status_enabled	status_for_replication	constraint_keys
1	CHECK on column 생년	CK_birthYear	(n/a)	(n/a)	Enabled	Is_For_Replication	([생년]>=(1900) AND [생년
2	DEFAULT on column 지역	DF_userTbl_지역	(n/a)	(n/a)	(n/a)	(n/a)	(N'서울')
3	PRIMARY KEY (clustered)	PK_userTbl	(n/a)	(n/a)	(n/a)	(n/a)	아이디

3. 다이어그램을 이용한 테이블 관계 설정

1) 다이어그램(Diagram) 작성 예

① 해당 DB의 [데이터베이스 다이어그램] [새데이터베이스 다이어그램]을 차례로 선택한다.

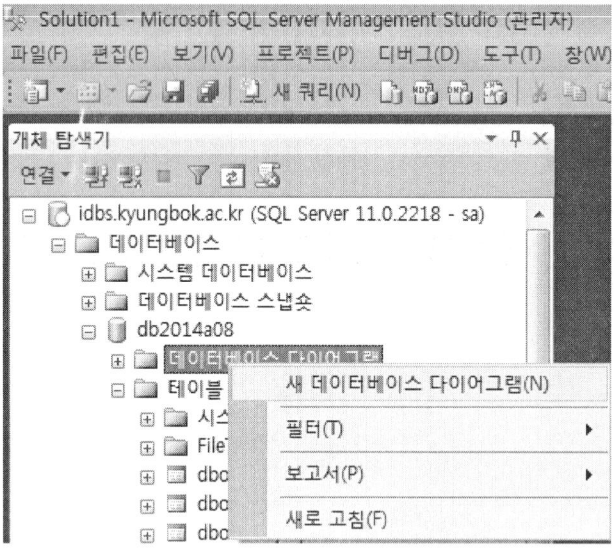

② 다이어그램을 설정할 buyTbl 테이블과 userTbl을 선택한 후, [추가] 버튼을 클릭한다.

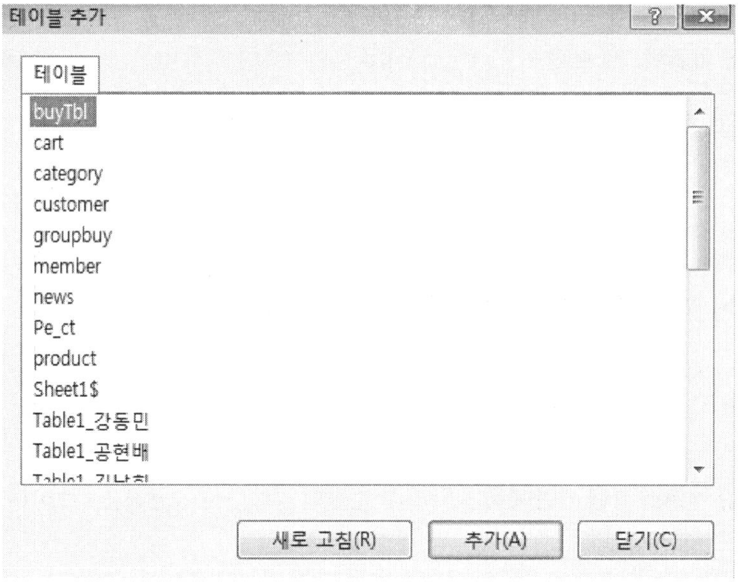

③ userTbl의 기본 키인 userID와 buyTbl의 외래 키인 userid를 마우스 드래그하여 관계 설정한다.

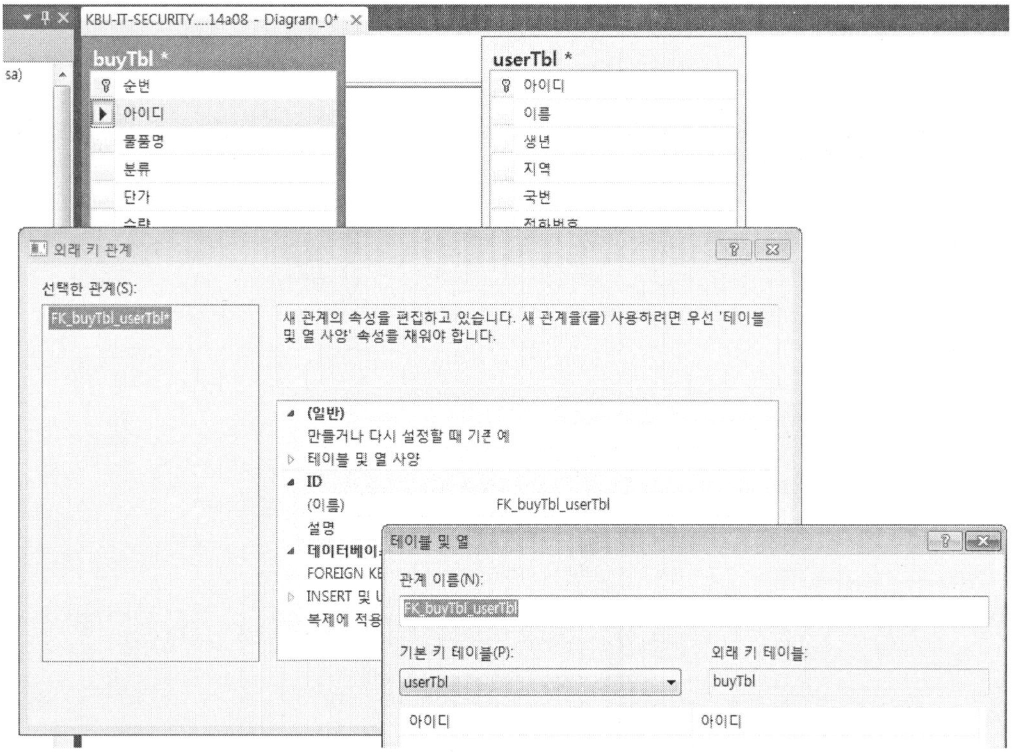

④ userTbl과 buyTbl의 관계 설정 다이어그램 생성 결과를 확인한다.

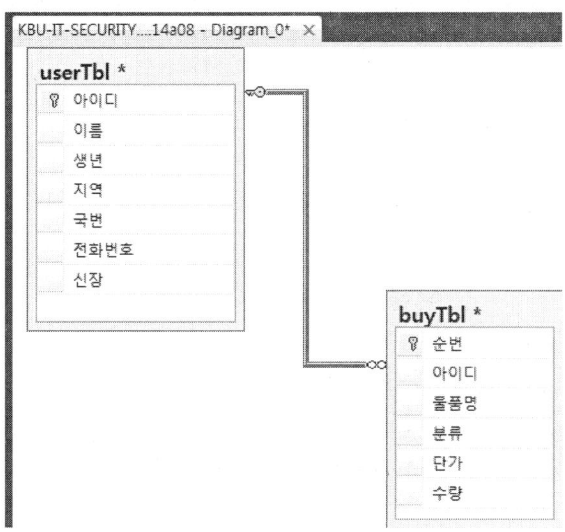

2) 다이어그램 작성 실습

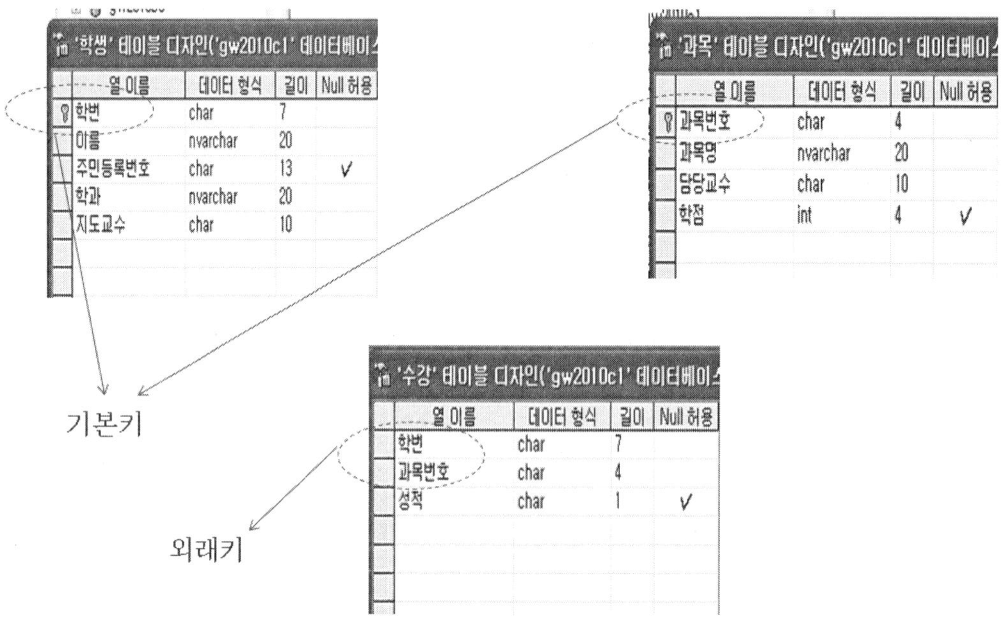

① 실습 1 : 학생 테이블, 과목 테이블, 수강테이블의 관계설정을 위한 다이어그램 작성하기

- 학생 테이블의 기본 키 : 학번
- 과목 테이블의 기본 키 : 과목번호
- 수강 테이블의 외래 키 : 학번, 과목번호

② 실습 2 : 실습 1에서 작성한 다이어그램 편집하기

③ 실습 3 : 실습 2에서 편집한 다이어그램 삭제하기

제6장 뷰/인덱스/저장프로시저/트리거

1. 뷰 (View)

1) 뷰의 개념

- 물리적으로 존재하지 않는 가상 테이블(Virtual Table)
- 1개 이상의 테이블을 이용해 정의되고 실제 데이터가 존재하는 것은 아님
- 사용자가 보는 데이터는 뷰를 통해서 표현되므로 중요한 개념
- 가상테이블이지만 사용자는 몇 가지 제약(연산 등)을 제외하고는 보통의 테이블처럼 사용 가능

2) 뷰의 작동 방식

< 뷰 생성과 사용 예제 >

```
CREATE VIEW v_userTbl
AS
SELECT userid, name, addr FROM userTbl
GO
SELECT * FROM v_userTbl  -- 뷰를 테이블이라고 생각해도 무방
```

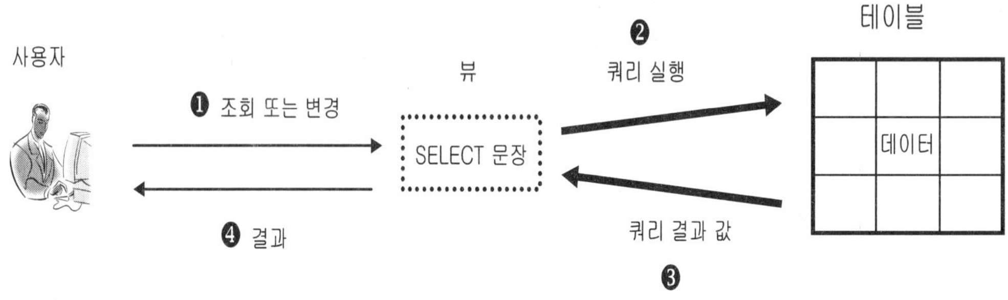

3) 뷰의 장점

- 사용자 관점의 데이터 제공
- 자주 사용되는 쿼리를 미리 정의하여 편리하게 사용
- 뷰가 참조하는 테이블의 구조가 변경되어도 쿼리문을 수정 불필요
- 테이블을 실제 접근하는 것이 아니므로 보안에 유리

4) 뷰의 종류

- 표준 뷰 : 한 개의 테이블을 이용해서 만든 뷰
- 복합 뷰 : 한 개 이상의 테이블을 이용해서 만든 뷰
- 분할 뷰 : 한 대 또는 여러 대의 서버에 있는 여러 테이블을 조인해서 하나의 테이블처럼 보이도록 하는 뷰
- 시스템 뷰 : 시스템에서 제공하는 뷰 (SQL Server Management Studio 실행 화면 참고)

5) 분산형 분할 뷰 구성도 및 실행 예

아래와 같이 BRAIN(서울), SECOND(경기),THIRD(기타)의 3개의 서버로 구성한다.

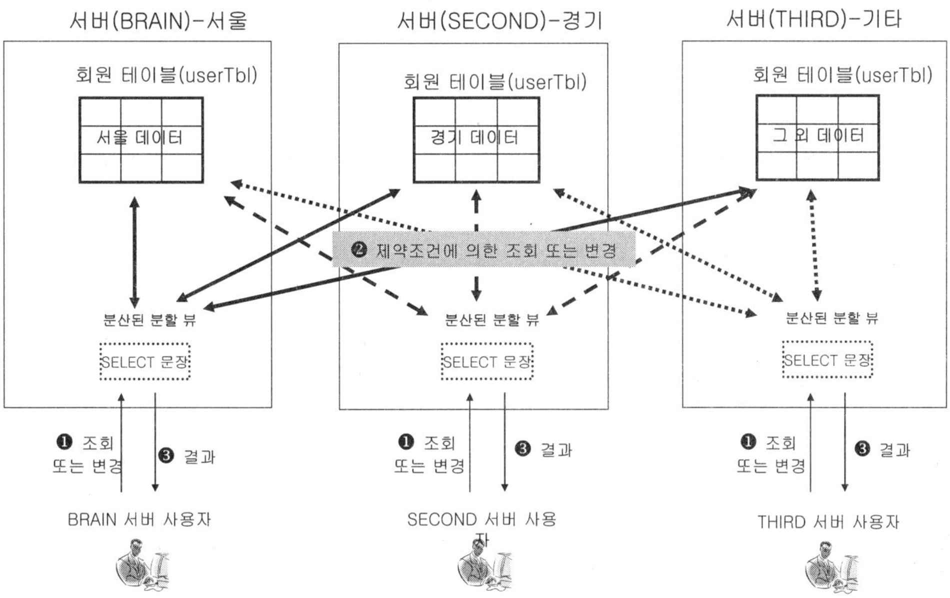

① 각 서버에 데이터베이스 및 테이블을 만든다.
단, 테이블에는 지역에 따른 제약조건을 지정한다.
또한, 주소에 따라서 테이터를 분할할 것이다.
(addr가 기본키에 포함되야함)
그래서 userid와 addr을 같이 기본키로 생성 한다.

ㄱ) 먼저 BRAIN 에서 회원 테이블을 만드는 퀴리를 실행한다

```
create database partViewDB
GO
USE partViewDB
create table usertb1 (userid nchar(8) not null , name nvarvhar(10) not
 null, birthyear int not null,
```

addr nchar(4) not null check(addr = '서울'), mobile1 nchar(3), mobile2 nchar(8), height smallint,
constraint pk_userid_addr primary key (userid, addr))

ㄴ) SECOND 에서 동일한 쿼리를 실행한다. (단.CHECK 조건만 변경)

......

addr nchar(4) not null check(addr ='경기')

.....

ㄷ) THIRD 에서 동일한 쿼리를 실행한다 (역시, CHECK 만 변경)

....

check(addr<>'서울' and addr<>'경기')--서울,경기외 지역

② 각 서버에서 연결된 서버를 생성한다.

ㄱ) BRAIN에서 SECOND, THIRD 연결된 서버를 생성

```
EXEC sp_addlinkedserver
@server ='SECOND',
@srvproduct = 'sqlserver',
@provider='sqlncli'
@datasrc ='BRAIN₩SECOND'

EXEC sp_addlinkedserver
@server ='THIRD',
@srvproduct = 'sqlserver',
@provider ='sqlncli',
@datasrc='BRAIN₩THIRD'
```

ㄴ) SECOND 에서 BRAIN과 THIRD 연결된 서버를 생성

```
EXEC sp_addlinkedserver
@server ='BRAIN',
@srvproduct = 'sqlserver',
@provider='sqlncli'
@datasrc ='BRAIN'

EXEC sp_addlinkedserver
@server ='THIRD',
@srvproduct = 'sqlserver',
@provider ='sqlncli',
@datasrc='BRAIN₩THIRD'
```

ㄷ)THIRD에서 BRAIN과 SECOND 연결된 서버를 생성

```
EXEC sp_addlinkedserver
@server ='BRAIN',
@srvproduct = 'sqlserver',
@provider='sqlncli'
@datasrc ='BRAIN'

EXEC sp_addlinkedserver
@server ='SECOND',
@srvproduct = 'sqlserver',
@provider='sqlncli',
@datasrc='BRAIN\SECOND'
```

③ 3대의 서버에 동일한 분산된 분할 뷰를 생성

ㄱ) BRAIN에서 분할뷰 생성

```
create view dpv_usertb1 as
select * from partViewDB.dbo.usertb1
UNION ALL
select * from SECOND.partViewDB.dbo.usertb1
UNION ALL
select * from THIRD.partViewDB.dbo.usertb1
```

ㄴ) SECOND 에서 분할뷰 생성

```
create view dpv_usertb1 as
select * from BRAIN.partViewDB.dbo.usertb1
UNION ALL
select * from partViewDB.dbo.usertb1
UNION ALL
select * from THIRD.partViewDB.dbo.usertb1
```

ㄷ) THIRD 에서 분할뷰 생성

```
create view dpv_usertb1 as
select * from BRAIN.partViewDB.dbo.usertb1
UNION ALL
select * from SECOND.partViewDB.dbo.usertb1
UNION ALL
select * from partViewDB.dbo.usertb1
```

④ 중첩 트랜젝션 허용 3대의 서버에 모두 실행

```
SET XACT_ABORT ON
```

⑤ 뷰에 데이터 입력 어느 서버인지 상관없이 한곳만 하면 자동
(CHECK 제약조건) 지역별로 분산되어 저장됨

```
INSERT INTO dpv_usertb1 values('pjs', '박지성', 1983, '서울', '011', '1111111', 181)
INSERT INTO dpv_usertb1 values('pjy', '박주영', 1983, '경기', '011', '1111111', 181)
INSERT INTO dpv_usertb1 values('jjj', '조재진', 1983, '충북', '011', '1111111', 181)
INSERT INTO dpv_usertb1 values('lcs', '이천수', 1983, '인천', '011', '1111111', 181)
INSERT INTO dpv_usertb1 values('ajh', '안정환)', 1983, '강원', '011', '1111111', 181)
INSERT INTO dpv_usertb1 values('kni', '김남일', 1983, '경북', '011', '1111111', 181)
INSERT INTO dpv_usertb1 values('lyp', '이영표', 1983, '전북', '011', '1111111', 181)
INSERT INTO dpv_usertb1 values('skh', '설기현', 1983, '서울', '011', '1111111', 181)
```

⑥ 각 서버별로 입력된 테이터 확인

```
select * from usertb1
```

ㄱ) brain 에서는 박지성과 설기현 2개행 적용

ㄴ) second 에서는 박주영 1개행 적용

ㄷ) thrid에서는 나머지 5행 적용

⑦ 이제 어느 서버에서든지 분산된 뷰 dpv_usertb1으로 조회하면 모든 데이터(8개행)이 출력됨

```
select * from dpv_usertb1
```

6) 뷰의 생성

① 해당 데이터베이스 내의 [뷰]를 선택한 후, 오른쪽 마우스 버튼을 클릭하여 나타난 단축메뉴에서 [새 뷰]를 선택한다.

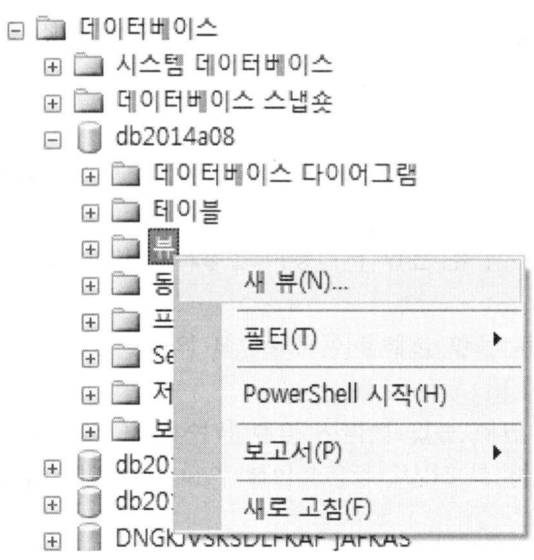

② 뷰를 생성할 대상이 되는 테이블을 선택한 후 [추가] 버튼을 클릭한다.

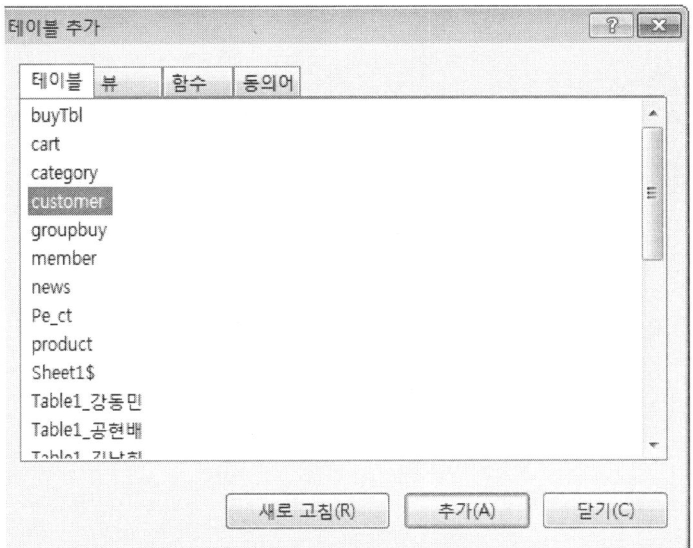

③ 선택한 1개의 테이블에서 원하는 필드를 선택한 후, 뷰를 만든다.

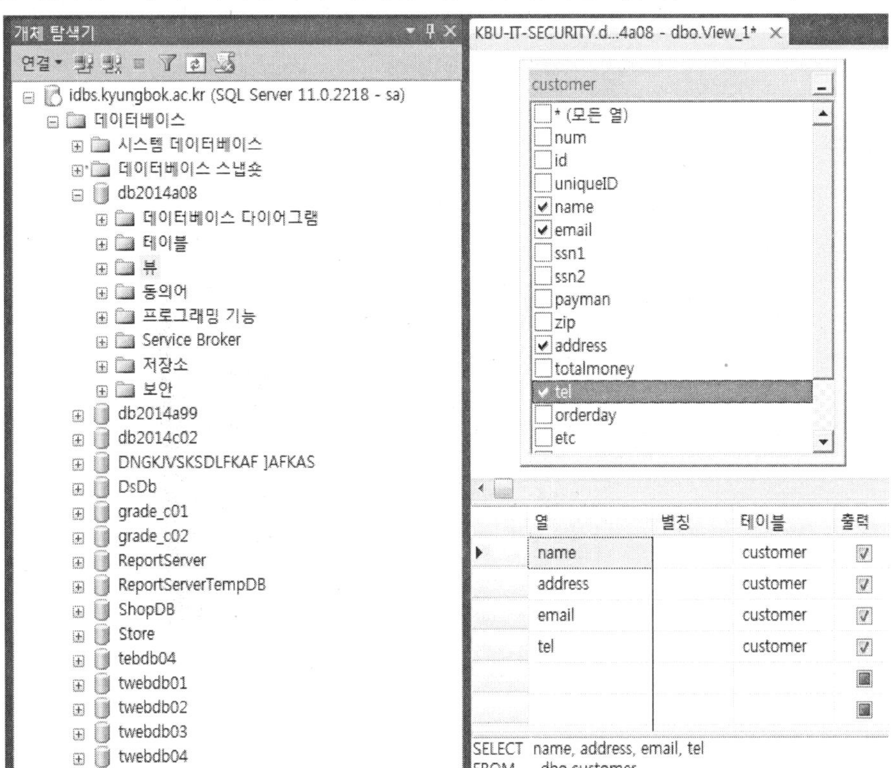

④ 조인된 2개의 테이블을 추가하여, 각각의 테이블에서 원하는 필드를 혼합 선택한 후, 새로운 뷰 이름으로 저장한다.

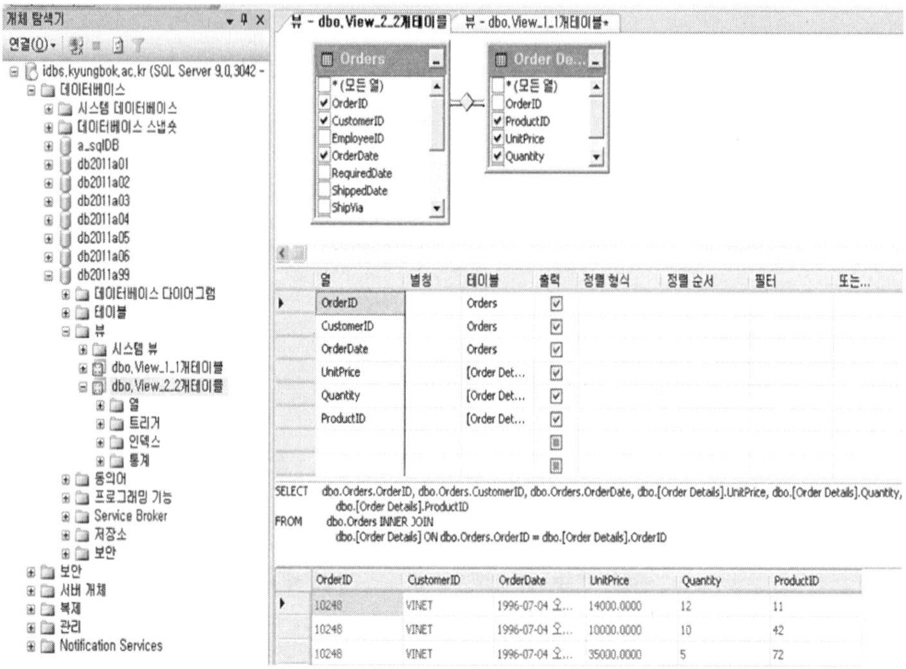

7) 뷰 다루기

① view 열기

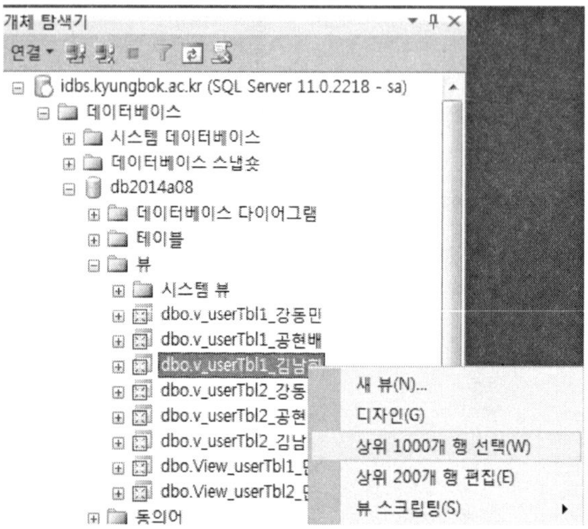

② view 이름 바꾸기

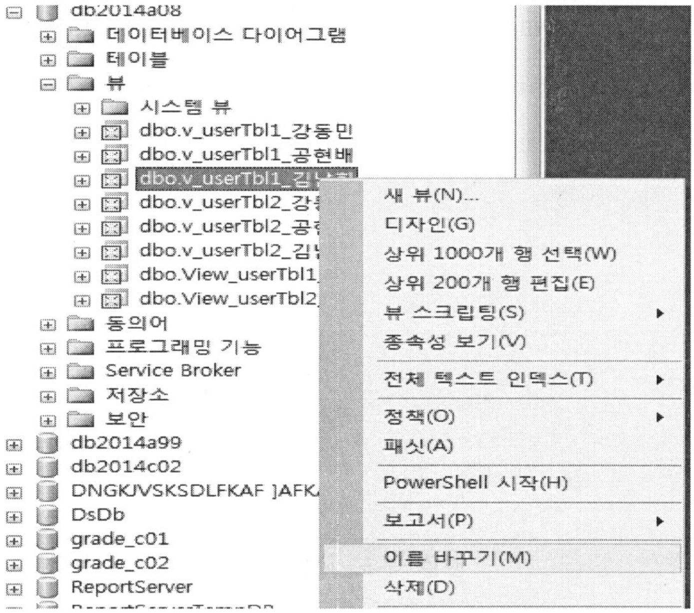

③ view 수정

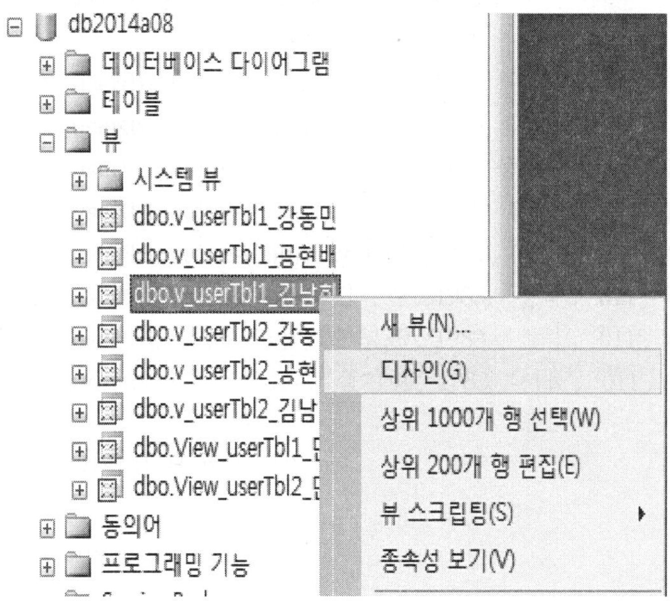

④ view 삭제

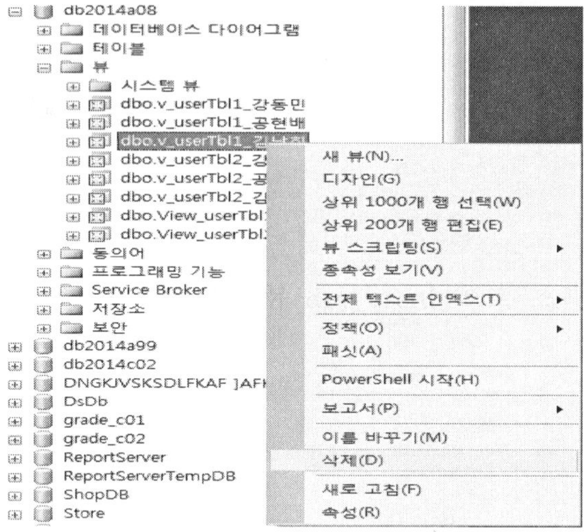

8) 뷰 생성 실습

실습 : 아래와 같이 결과가 나오도록 view를 만들기

OrderID	CustomerID	OrderDate	UnitPrice	Quantity	ProductID	ProductName
10248	VINET	1996-07-04 오...	14000.0000	12	11	현진 커피 밀크
10248	VINET	1996-07-04 오...	10000.0000	10	42	싱가폴 원산 옥...
10248	VINET	1996-07-04 오...	35000.0000	5	72	대관령 특제 버터
10249	TOMSP	1996-07-05 오...	19000.0000	9	14	유미 건조 다시마
10249	TOMSP	1996-07-05 오...	42000.0000	40	51	유림 사과 통조림
10250	HANAR	1996-07-08 오...	8000.0000	10	41	훈제 대합조개 ...
10250	HANAR	1996-07-08 오...	42000.0000	35	51	유림 사과 통조림
10250	HANAR	1996-07-08 오...	17000.0000	15	65	루이지애나 특...
10251	VICTE	1996-07-08 오...	17000.0000	6	22	신성 시리얼
10251	VICTE	1996-07-08 오...	16000.0000	15	57	한성 통밀가루
10251	VICTE	1996-07-08 오...	17000.0000	20	65	루이지애나 특...
10252	SUPRD	1996-07-09 오...	65000.0000	40	20	대양 마말레이드

2. 인덱스 (Index)

1) 인덱스의 개념

- 레코드에 대한 접근을 용이하도록 지원해 주는 자료 구조

- 특정 데이터를 검색하고자 할 때 보다 빠른 데이터 검색을 위함
  (예) 책에서 찾아보기(색인)를 이용하는 원하는 내용 검색

- 작은 데이터에는 없어도 별 차이가 없지만, 대량의 데이터에는 인덱스가 있어야만 데이터를 빠른 시간에 검색할 수 있음

2) 인덱스 설정시 유의할 사항

- 인덱스를 너무 많은 필드에 설정하면 데이터를 변경할 때 더 많은 시간과 저장 공간이 소요

- 인덱스 설정은 최소한 하는 것이 바람직

- 키 또는 자주 질의되는 필드를 중심으로 설정하는 것이 바람직

3) 인덱스의 장점과 단점

① 장점

- 검색은 속도가 무척 빨라질 수 있다.
  (물론 반드시 그런 것은 아니다.)

- 그 결과 시스템의 부하가 줄어들어서, 시스템 전체의 성능향상

② 단점

- 인덱스가 데이터베이스 공간을 차지해서 추가적인 공간이

필요해 진다. (대략 DB의 10% 내외의 공간이 추가로 필요)

- 인덱스를 생성하는데 시간이 많이 소요될 수 있다.
- 데이터의 변경 작업(Insert, Update, Delete)이 자주 일어날 경우에는 성능이 많이 나빠질 수도 있다.

4) 인덱스의 종류

① 클러스터 인덱스 (Clustered Index)

- 영어사전과 비슷한 개념
- 데이터의 순서와 인덱스의 순서가 일치 (예 : Primary Key)
- 인덱스된 필드에 대하여 입력되는 데이터를 정렬시켜 저장
- 테이블 당 1개만 생성
- 입력되는 데이터에 대해 물리적인 순서와 인덱스 순서를 일치시켜야 함으로 속도가 느리다는 단점이 있음

② 비클러스터 인덱스 (Non-Clustered Index)

- 일반책의 찾아보기 개념
- 데이터의 순서와 인덱스의 순서가 다름
- 테이블 당 여러 개 생성 가능
- 데이터의 변경(삽입 또는 삭제)시 자신의 위치를 찾을 필요가 없이 맨 끝에 저장되기 때문에 속도가 클러스터 인덱스보다 좋음

5) 클러스트와 비클러스트 인덱스의 특징 비교

① 클러스터형 인덱스의 특징

- 클러스터형 인덱스의 생성 시에는 데이터 페이지 전체를 다시 정렬하게 된다. 그러므로, 클러스터형 인덱스를 생성은 심각한 시스템 부하를 줄 수 있다.

- 클러스터형 인덱스는 인덱스 자체의 리프(Leaf) 페이지가 곧 데이터이다.

- 비클러스터형 보다 검색속도는 더 빠르다. 하지만, 데이터의 입력/수정/삭제는 더 느리다.

- 클러스터 인덱스는 성능이 좋지만, 테이블에 한 개밖에 생성하지 못한다. 그러므로, 어느 열에 클러스터형 인덱스를 생성하느냐에 따라서 시스템의 성능이 달라질 수 있다.

② 비클러스터형 인덱스의 특징

- 비클러스터형 인덱스의 생성 시에는 데이터페이지는 그냥 둔 상태에서 별도의 페이지에 인덱스를 구성한다.

- 비클러스터형 인덱스는 인덱스 자체의 리프 페이지는 데이터가 아니라 데이터가 위치하는 포인터(RID : 행식별자)이다.

- 클러스터형 보다 검색속도는 더 느리지만, 데이터의 변경은 더 빠르다.

- 비클러스터형 인덱스는 여러 개 생성할 수가 있다. 하지만, 함부로 남용할 경우에는 오히려 시스템의 성능을 떨어뜨리는 결과를 초래할 수 있다.

6) 인덱스의 내부 작동원리

① B-Tree(Balanced Tree, 균형 트리)의 기본 개념

- 범용적으로 사용되는 데이터 구조
- 인덱스를 표현할 때 많이 사용됨
- 데이터의 검색(Select)시에 뛰어난 성능을 보일 수 있음
- 데이터의 변경(Insert,Update,Delete)시에 성능이 나빠짐

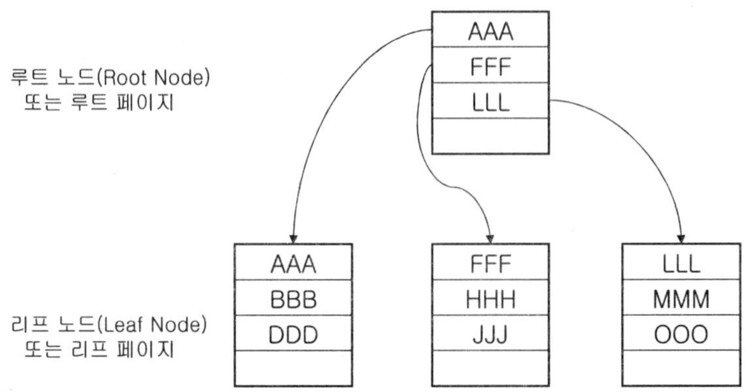

② 분할 1 : III 삽입후의 변화

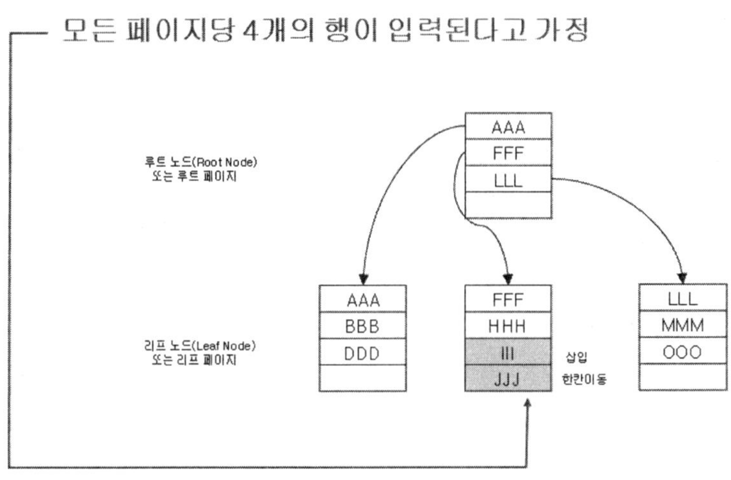

③ 분할 2 : GGG 삽입 후의 변화

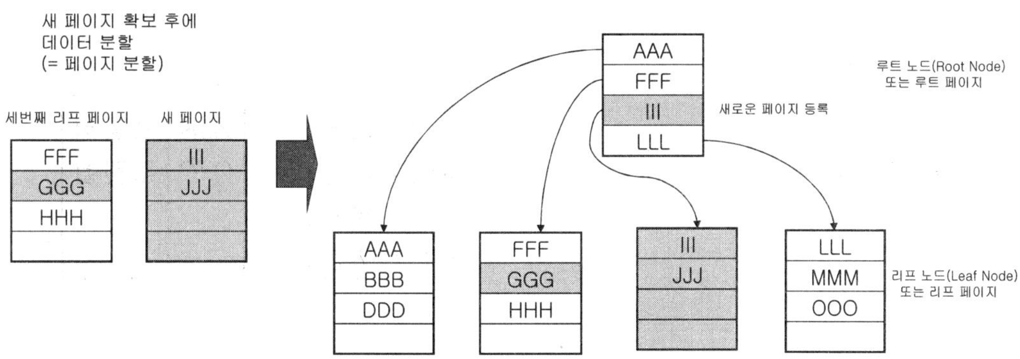

④ 분할 3 : PPP, QQQ 삽입 후의 변화

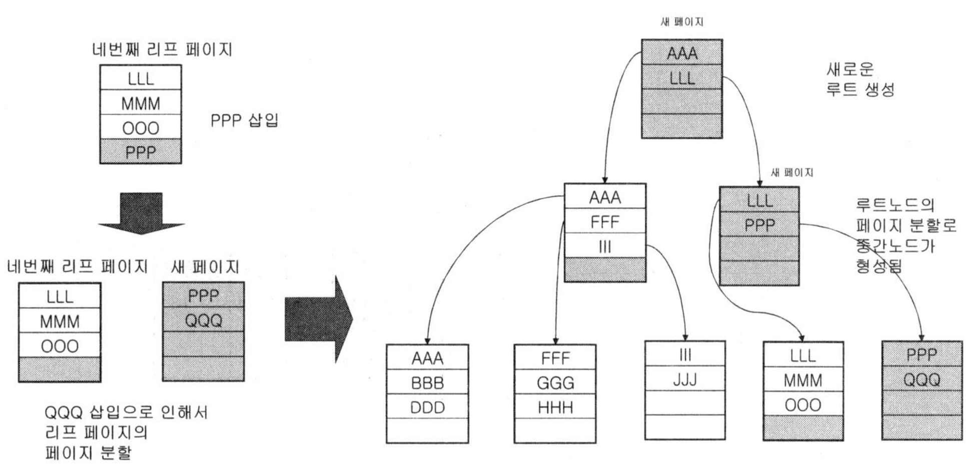

7) 인덱스 구조 비교 (클러스터형 vs 비클러스터형)

① 인덱스가 없는 테이블의 내부 구성
(페이지당 4개의 행이 입력된다고 가정)

② 클러스터형 인덱스 구성 후 ➔ 내부적 정렬이 일어남

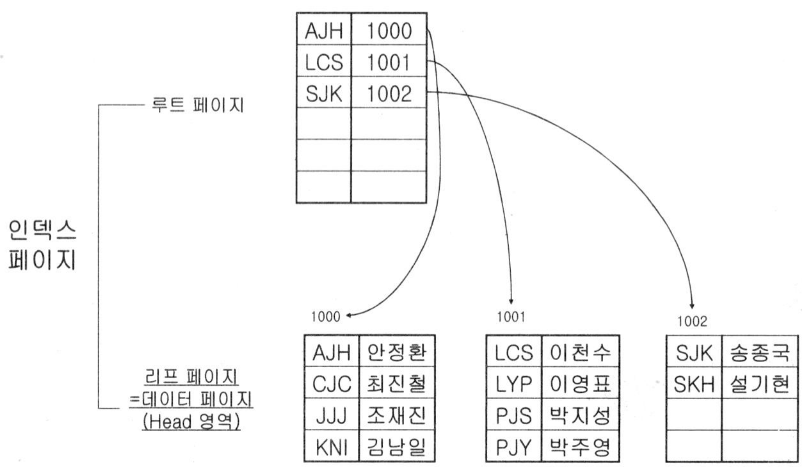

③ 비클러스터형 인덱스 구성 후 ➔ 정렬 되지 않음

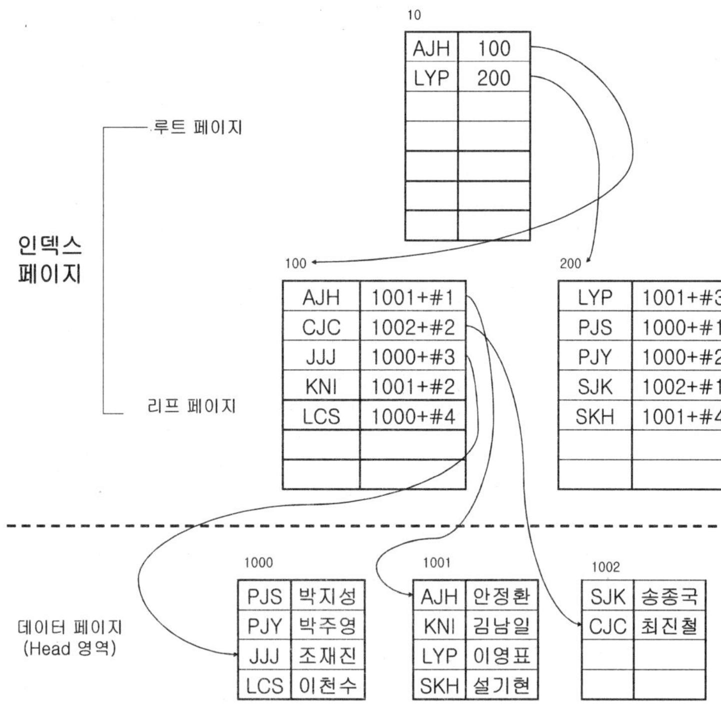

④ 클러스터형 인덱스에 'HJY', 'DTY' 추가 후

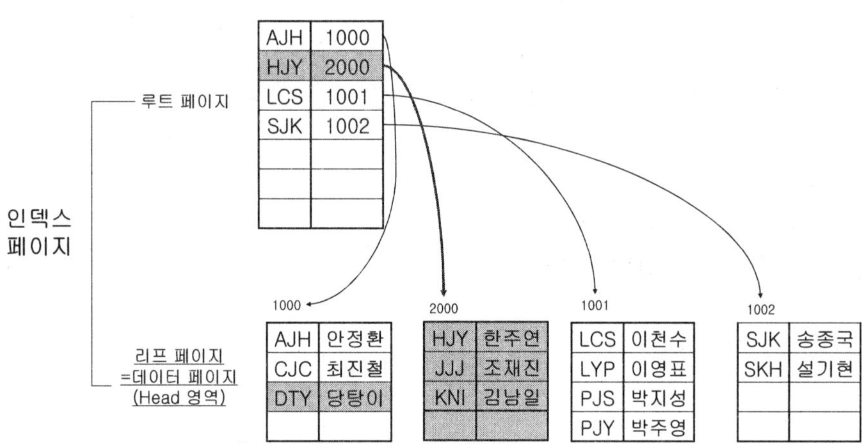

⑤ 비클러스터형 인덱스에 'HJY', 'DTY' 추가 후

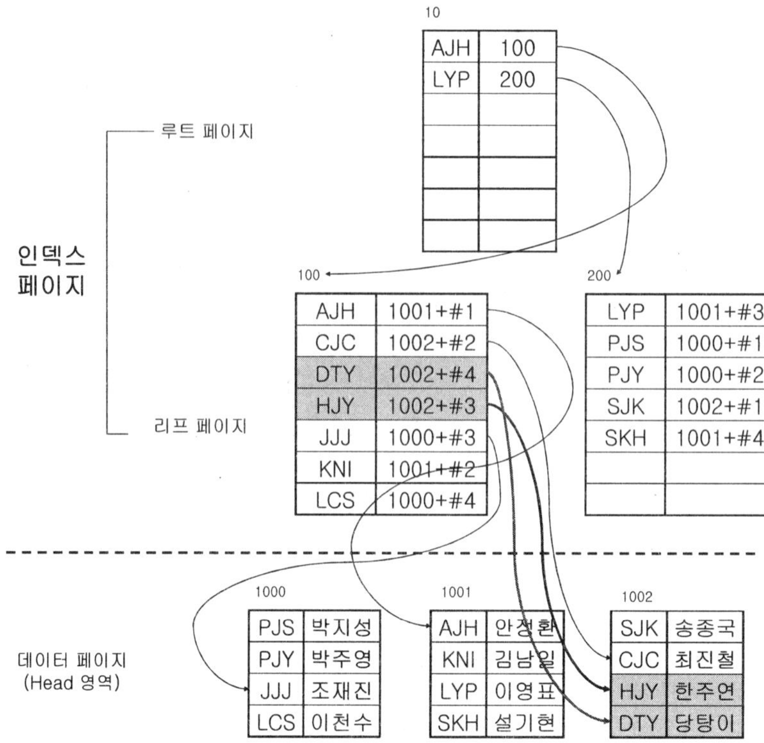

8) 클러스터형 인덱스 생성

- 기본 키로 설정된 필드(예 : 일련번호)는 기본적으로 인덱스가 자동으로 생성

- 기본적으로 기본 키에는 클러스터 인덱스이며, 1개 테이블에는 1개 클러스터 인덱스만 가능

① 클러스터형 인덱스 설정

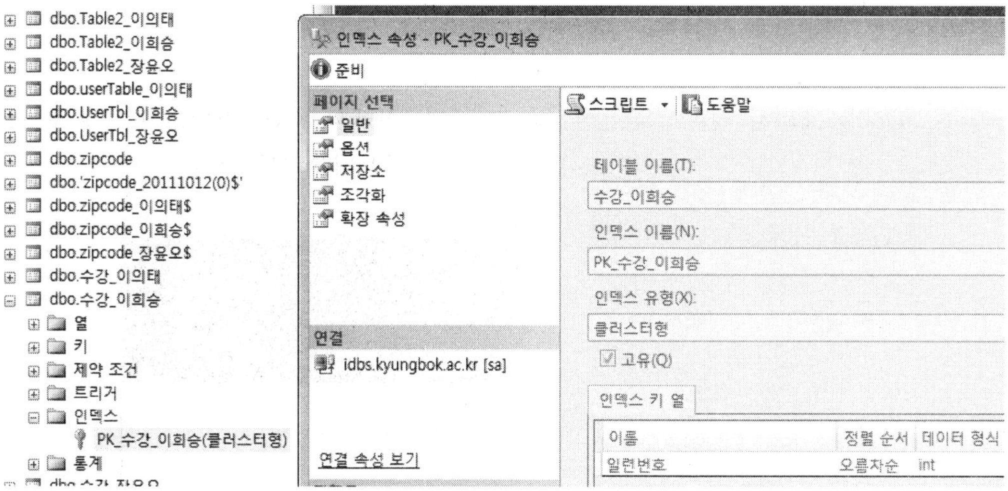

② 클러스터형 인덱스 실행 (예)

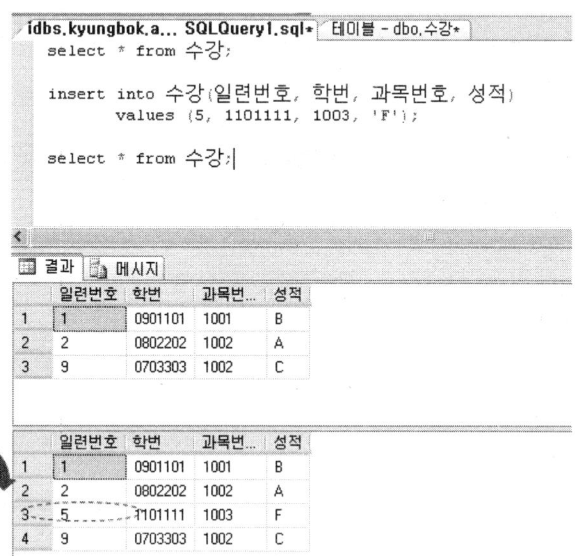

일련번호 필드가
Clustered 되었으므로
순서대로 찾아가 저장

9) 비클러스터형 인덱스 생성

① 기존 일련번호 필드의 키설정을 해제하고, 아래와 같이 인덱스에 오른쪽 마우스를 클릭한 후 [새인덱스] [비클러스트 인덱스]를 선택한다.

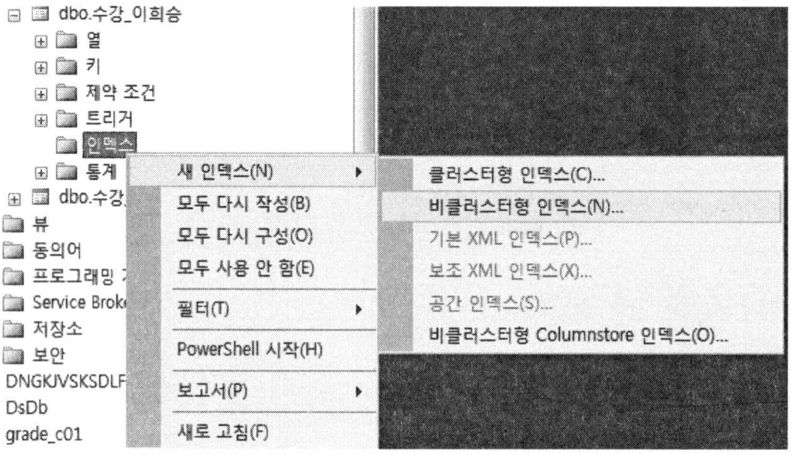

② 비클러스트형 설정 대상이 되는 필드(예: 일련번호)를 추가한 후 [확인] 버튼을 클릭한다.

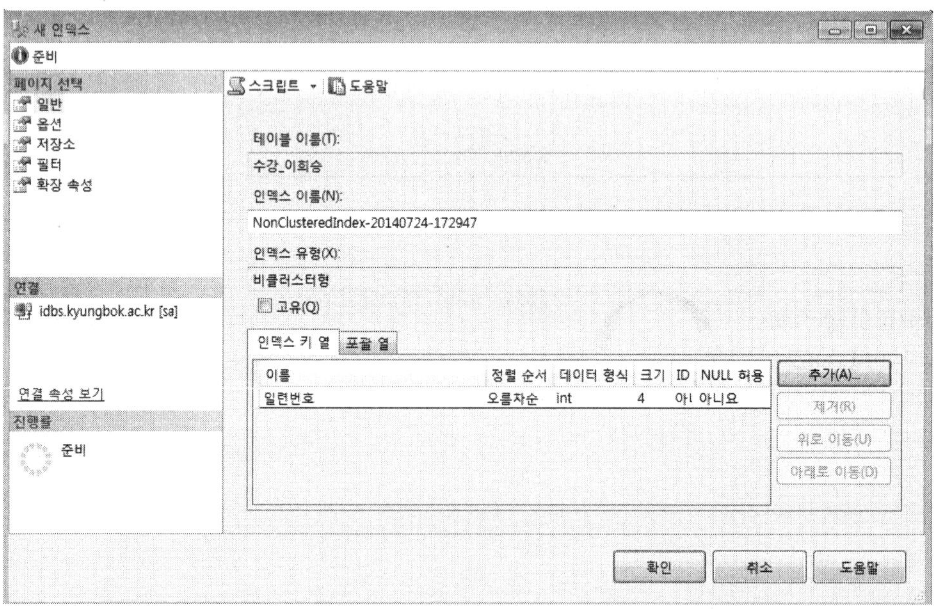

③ 비클러스터형 인덱스가 생성된 것을 확인한다.

④ 비클러스터형 인덱스 실행 (예)

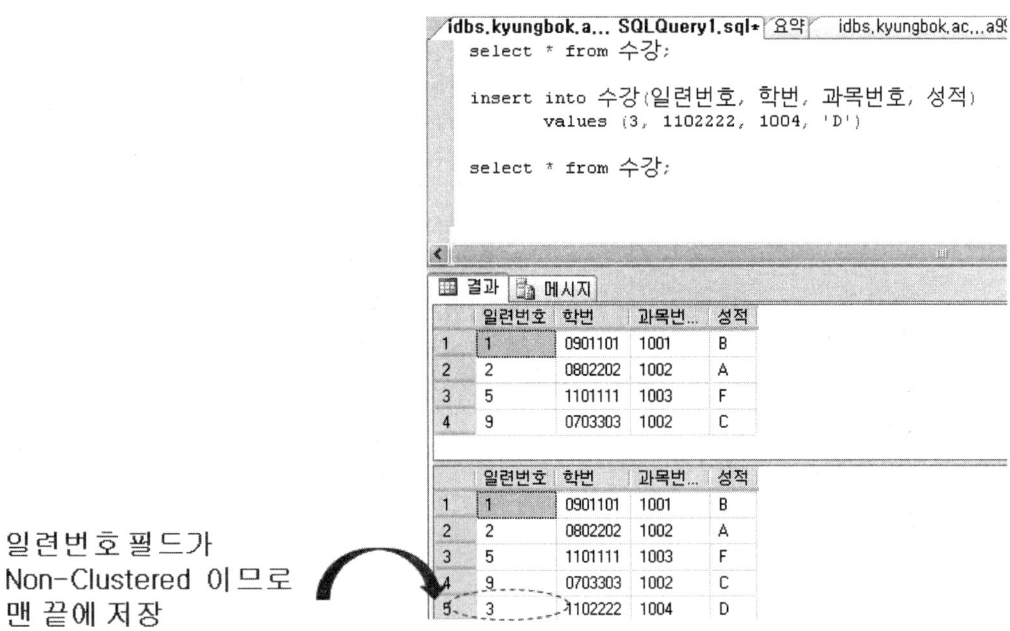

3. 저장 프로시저 (Stored Procedure)

1) 저장 프로시저의 개념

- 하나의 단위로 처리되는 미리 컴파일된 SQL문의 모음
- SQL 서버 데이터베이스에 저장
- 서버에 저장되어 있는 프로시저를 클라이언트에서 호출하여 실행 결과를 보여주는 형태

2) 저장 프로시저의 장점

- 한번 만들어진 저장 프로시저는 여러 프로그램에서 호출하여 사용 가능
- 이미 컴파일 되어진 프로시저를 실행만 하면 되기에 처리속도 빠름
- 서버 쪽에서 실행되므로 네트워크 트래픽 감소
(저장 프로시저 이름과 매개변수만 서버로 보내기 때문)
- 프로시저 소스 및 데이터 보안 가능

3) 기본적인 저장 프로시저의 생성 및 실행

① 저장 프로시저 생성

```
CREATE PROCEDURE dbo.sp_EmpName
AS
SELECT FirstName, LastName FROM Employees;
```

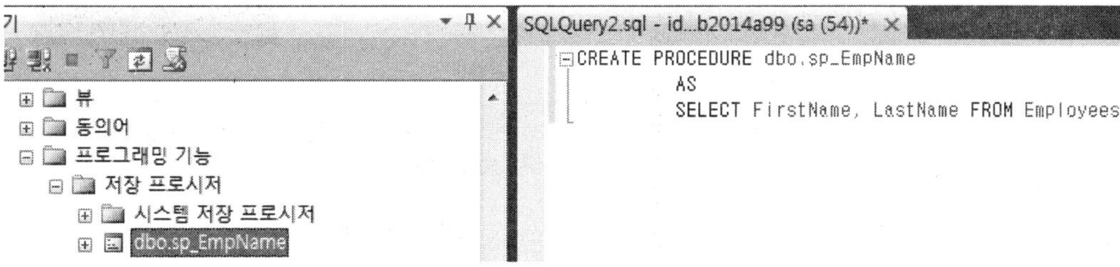

② 저장 프로시저 실행

```
EXEC sp_EmpName;
EXEC dbo.sp_EmpName;
```

4) 저장 프로시저의 변경 및 제거

① 저장 프로시저 변경

```
ALTER PROCEDURE dbo.sp_EmpName
AS
SELECT FirstName, LastName, Title FROM Employees;
```

② 저장 프로시저 제거

```
DROP PROCEDURE dbo.sp_EmpName
```

5) 매개 변수를 활용한 저장 프로시저 만들기

<실습> 아래 화면과 같이 이름을 임의로 입력받아 실행되도록 매개변수를 활용한 저장 프로시저 sp_EmpName1 만들기

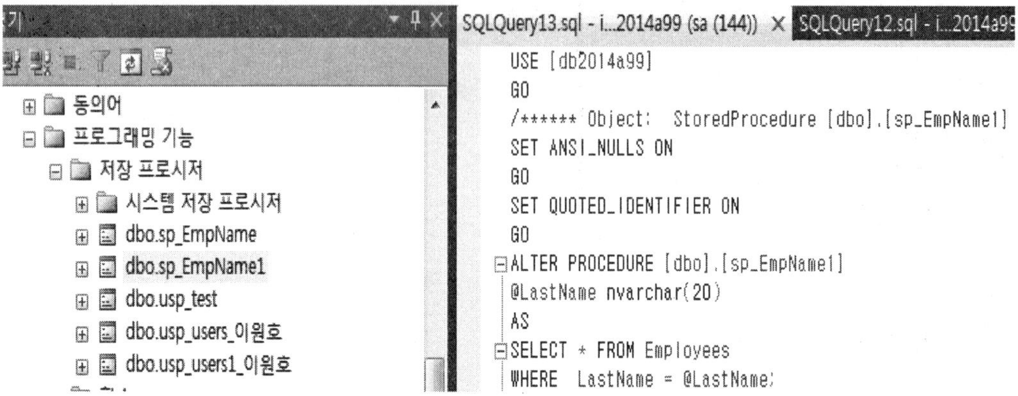

6) sp_helptext로 저장 프로시저 구문 보기

<실습> Sp_helptext 를 실행하여 생성된 저장 프로시저 내용 보기

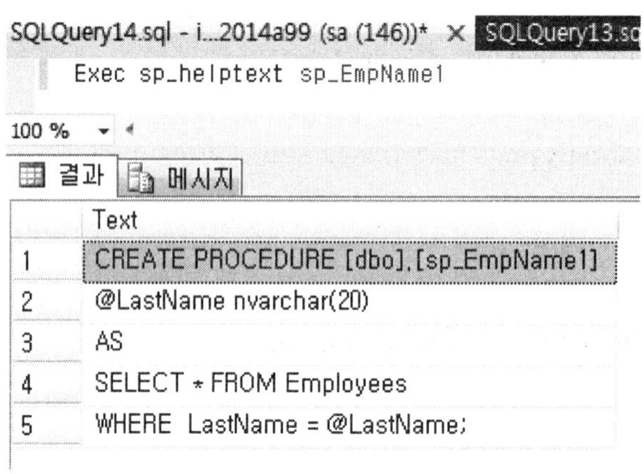

7) 저장프로시저 실습

① 실습 1 : 예제 테이블 생성

```
Create Table dbo.test1
(
```

```
        CategoryID Int Identity(1,1) Not Null Primary Key,
        CategoryName VarChar(50),
)
GO

Insert test1 Values('컴퓨터')
Insert test1 Values('노트북')
Insert test1 Values('핸드폰')
```

② 실습 2 : 입력 저장프로시저

```
-- 입력저장프로시저

Create Procedure dbo.sp_AddTest1
(
        @CategoryName VarChar(50)
)
As
        Insert Into test1 Values(@CategoryName)
        GO

-- 프로시저로 입력

Execute sp_AddTest1 '냉장고'
GO
```

③ 실습 3 : 출력 저장프로시저

```
-- 출력 저장프로시저

Create Proc sp_GetTest1
As
        Select * From test1 Order By CategoryID Asc
GO
```

```
-- 실행

Exec sp_GetTest1
GO
```

④ 실습 4 : 매개 저장프로시저

```
-- 매개 저장프로시저

Create Proc sp_GetByCategoryId
        @CategoryID Int
As
        Select * From test1 Where CategoryID = @CategoryID
GO

-- 실행
Sp_GetByCategoryID 3
GO
```

⑤ 실습 5 : 수정 저장프로시저

```
idbs.kyungbok.a... SQLQuery6.sql*  idbs.kyungb
Select * From test1
Go
Create Proc sp_UpdateTest1
(
    @CategoryName VarChar(50),
    @CategoryID Int
)
As
Update test1
Set
    CategoryName = @CategoryName
where
    CategoryID = @CategoryID

Go
-- 실행: 1번카테고리명을'콤퓨타'로변경
Exec sp_UpdateTest1  '콤퓨타' ,1

Select * From test1
```

결과 | 메시지

	CategoryID	CategoryName
1	1	컴퓨터
2	2	노트북
3	3	핸드폰
4	4	냉장고

	CategoryID	CategoryName
1	1	콤퓨타
2	2	노트북
3	3	핸드폰
4	4	냉장고

⑥ 실습 6 : 삭제 저장프로시저

```
select * from test1
Go
-- 삭제 저장프로시저
Create Proc sp_DeleteTest1
    @CategoryID Int
As
    Begin Tran
        Delete Test1 Where CategoryID = @CategoryID
        Select @@ROWCOUNT -- 삭제된 데이터의개수

        If @@ERROR > 0
        Begin
            RollBack Tran
        End
    Commit Tran
Go
Exec sp_DeleteTest1 3
```

	CategoryID	CategoryName
1	1	콤퓨타
2	2	노트북
3	3	핸드폰
4	4	냉장고

	(열 이름 없음)
1	1

결과 | 메시지

	CategoryID	CategoryName
1	1	콤퓨타
2	2	노트북
3	4	냉장고

4. 트리거 (Trigger)

1) 트리거의 개념

- 트리거는 저장프로시저로 실행할 수 없는 사항을 해결해주는 것으로 테이블이 insert, update, delete 될 때 발생하는 이벤트

- 문법이 프로시저를 사용하는것과 거의 비슷

- 트리거의 주된 역할은 데이터의 무결성 유지

- 저장 프로시저와의 차이점은 트리거는 자동으로 실행 (수동으로 실행될 수 없음)

<사용 예>
신입 사원이 들어오면 <u>급여 테이블</u>에 신입 사원의 급여 정보를

자동으로 생성하고 싶을 경우 사원 테이블에 트리거를 설정하여 구현

2) INSERTED, DELETED 테이블

- INSERTED 와 DELETED 테이블은 물리적으로 존재하는 테이블이 아님
- 특정 테이블의 데이터에 변경이 가해졌을 때 트리거를 위해 자동으로 만들어지는 논리적인 가상의 테이블
- INSERTED 테이블은 테이블에 새로운 데이터가 INSERT될 때, DELETED 테이블은 테이블의 데이터가 DELETE될 때 만들어 짐
- 그렇다면 왜 UPDATED 테이블이 없는가?
  - 테이블의 데이터가 UPDATE 되는 것은 기존의 데이터가 DELETE되면서 새로운 데이터가 INSERT되는 과정으로 보아 DELETED 테이블과 INSERTED 테이블이 동시에 만들어 짐
  - DELETED 테이블에는 UPDATE 되기전 내용이 포함되어 있으며, INSERTED 테이블에는 변경된 새로운 내용이 포함됨

3) 트리거 실습

① 실습 1 : 테스트 테이블 생성

```
CREATE TABLE Table1
(
col1 char(05),
col2 int
)
GO
```

```
CREATE TABLE Table2
(
col1 char(05),
col2 int
)
GO
```

② 실습 2 : Insert 트리거

- Table1에 INSERT된 데이터가 그대로 Table2에 INSERT 되도록하는 트리거

- 트리거를 만들고 2)와 3)에 의해서 두개의 Row를 Table1에 추가

- 4)에서 Table2의 내용을 SELECT해보면 Table1과 같이 두개의 Row를 보게 됨

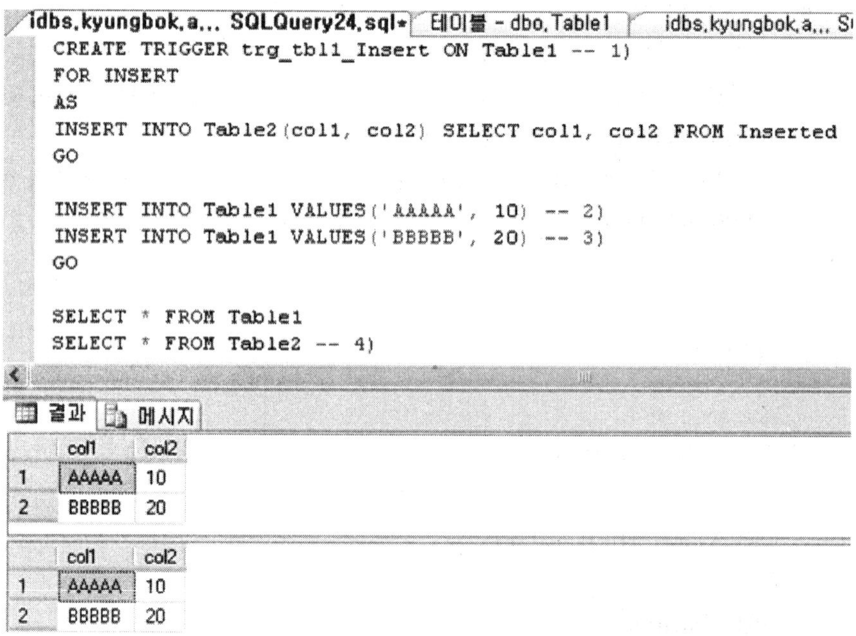

③ 실습 3 : Delete 트리거

- Table1에서 데이터가 DELETE되면 Table2에서도 지워지게 하는 트리거

- 1) 번이 수행되면 Table2에서도 col1이 'AAAAA" 인 Row가 지워짐

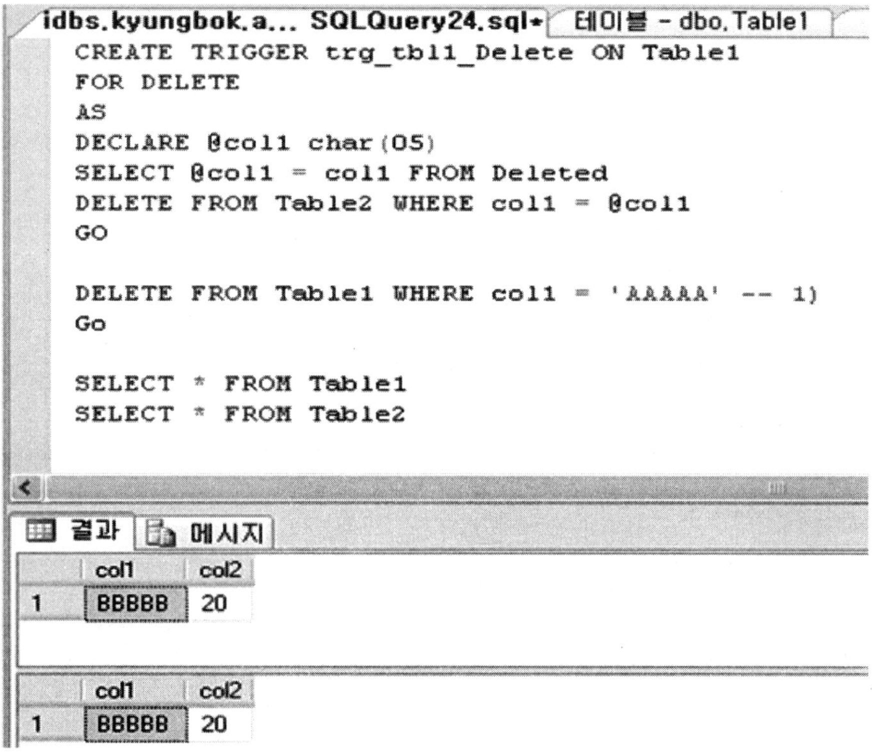

④ 실습 4 : Update 트리거

- Table1에 UPDATE된 내용이 그대로 Table2에 UPDATE 되도록하는 트리거

- 1)에 의해서 col1 이 'BBBBB'인 Row의 col2 가 30으로 바뀌었음

- 2)에서 Table2의 내용을 SELECT해보면 Table1과 같이 바뀐 내용이 보임

```
CREATE TRIGGER trg_tbl1_Update ON Table1
FOR UPDATE
AS
DECLARE @col1 char(5)
DECLARE @col2 int

SELECT @col1 = col1, @col2 = col2
FROM Inserted
UPDATE Table2 SET col2 = @col2
WHERE col1 = @col1
GO

UPDATE Table1 SET col2 = 30 WHERE col1 = 'BBBBB' -- 1)
GO
SELECT * FROM Table1
SELECT * FROM Table2 -- 2)
```

결과 | 메시지

	col1	col2
1	BBBBB	30

	col1	col2
1	BBBBB	30

제7장 프로필러/백업및복원/DB연결

1. SQL 서버 프로필러(Profiler)

프로필러는 SQL Server에서의 데이터베이스 작업을 모니터링하고 기록하는데 사용하는 도구이다.

① [도구]에서 [SQL Server Profiler]를 선택한다.

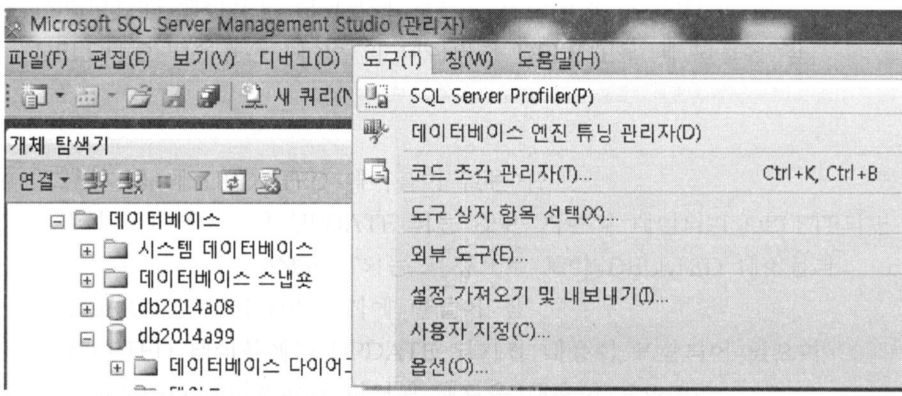

② 관리자 권한이 있는 sa 계정으로 로그인 한다.

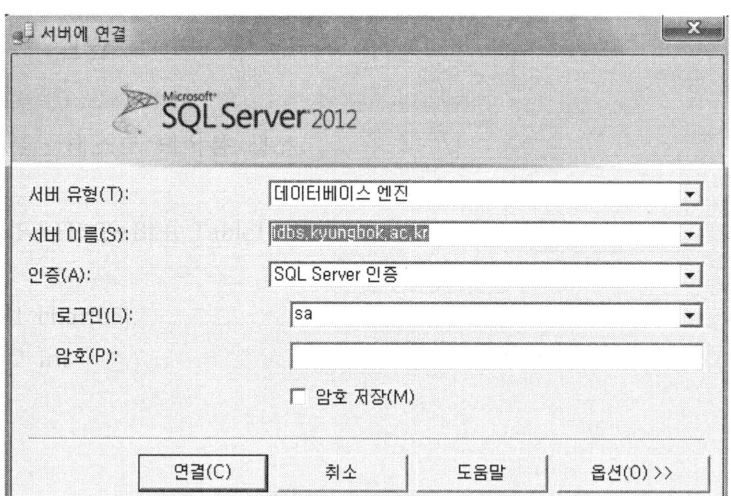

③ SQL Server Profiler 화면에서 [파일] [새추적]을 차례로 선택한다.

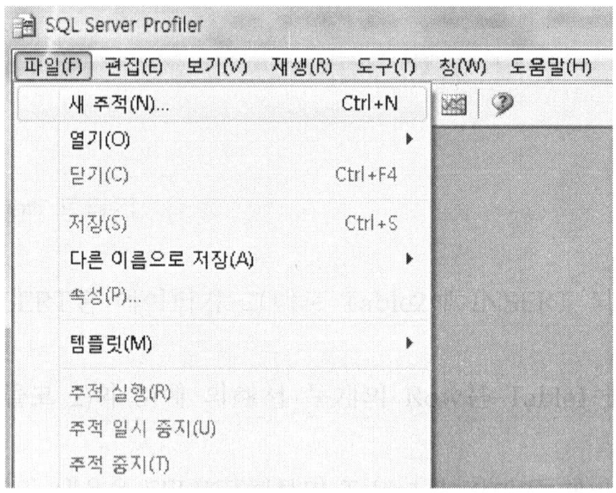

④ [추적 이름]에 "추적-1"이라고 입력하고, [템플릿 사용]란에서 "standard (기본값)을 선택한 후, [실행] 버튼을 클릭한다.

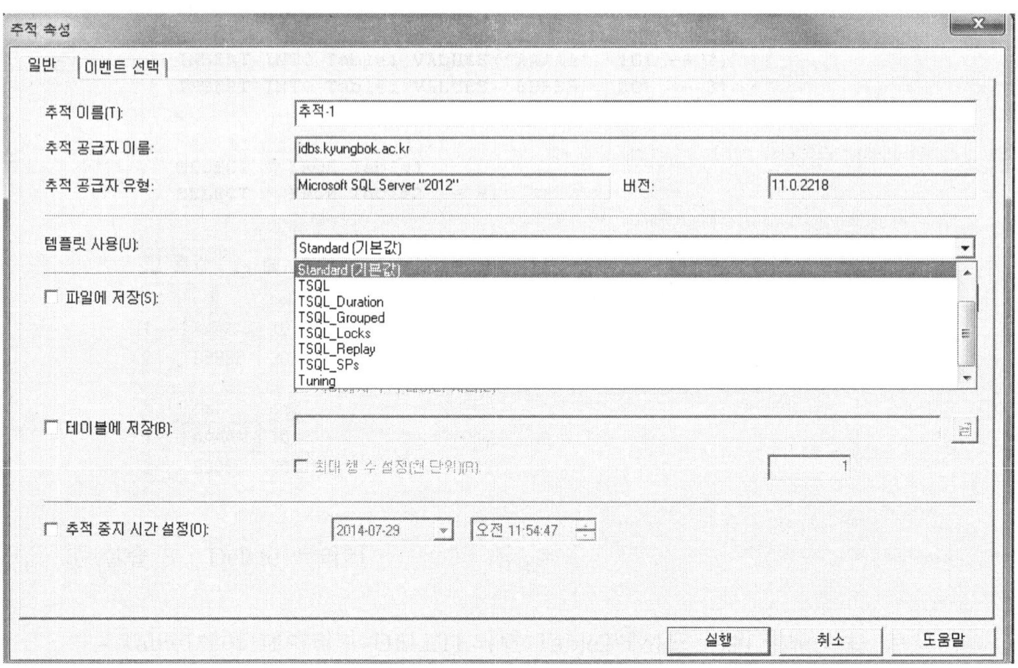

⑤ SQL 서버 사용자들이 SQL을 실행하는 이벤트 정보 (로그인 ID, Start Time, End Time 등)가 실시간으로 나타난다.

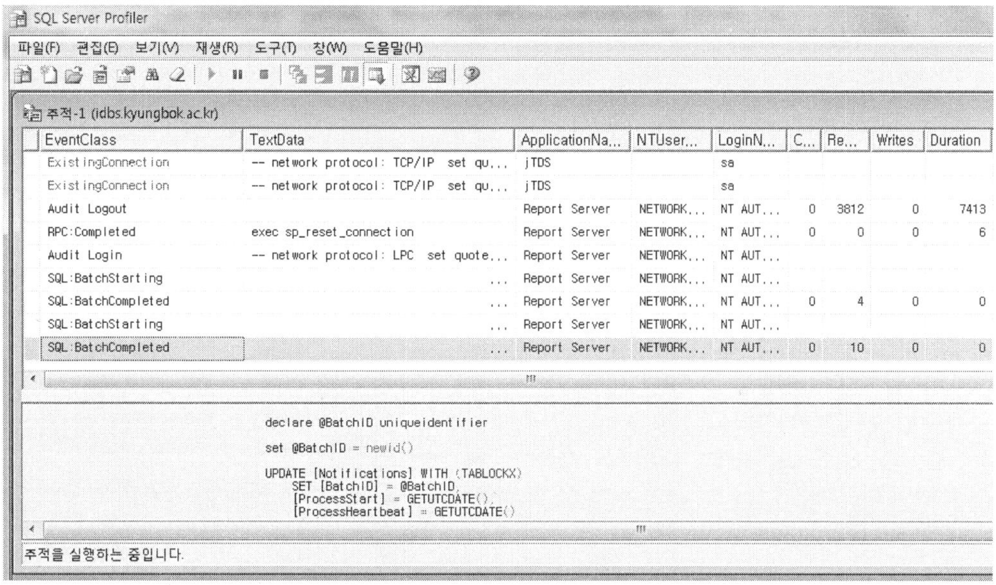

⑥ 현재까지 추적한 내용을 저장하기 위해 [파일] [저장]을 차례로 선택한다.

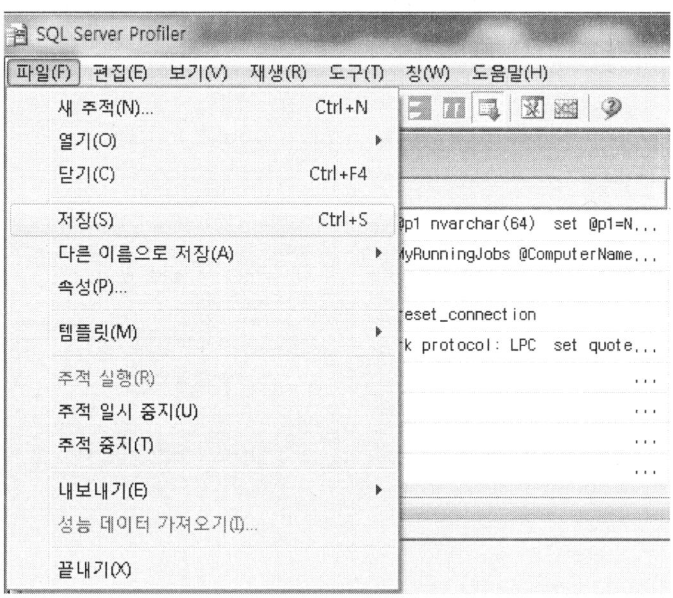

⑦ [파일이름]에 추적 파일 이름으로 “trace-1"을 입력한 후, [저장] 버튼을 클릭한다.

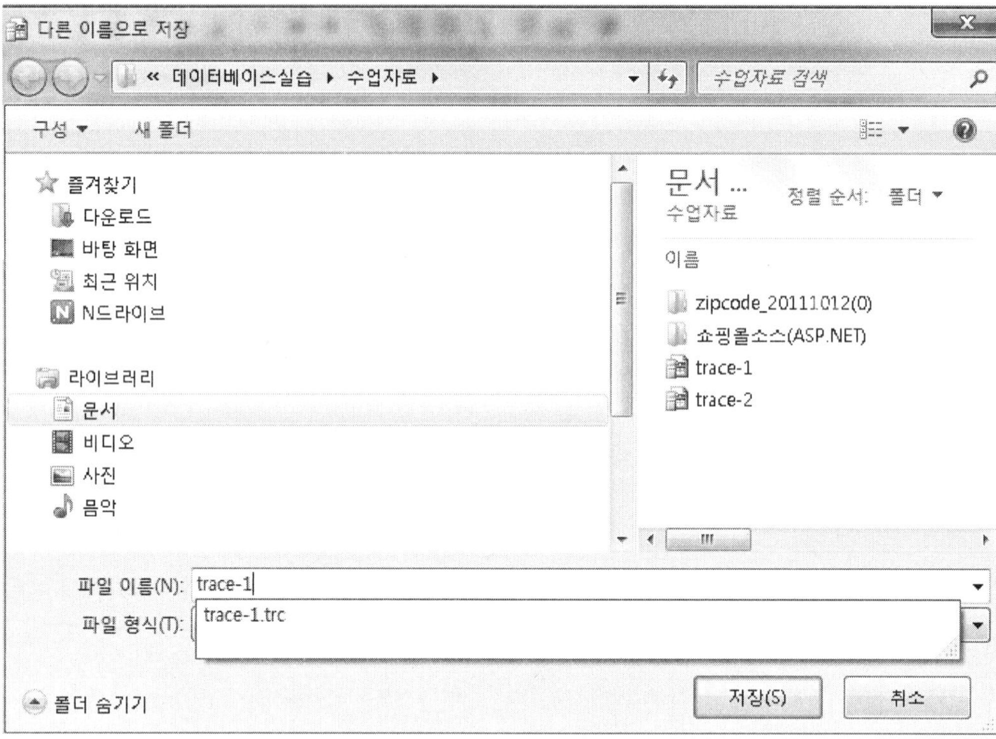

⑧ 저장한 추적 파일인 "trace-1"을 찾아 열어본다.

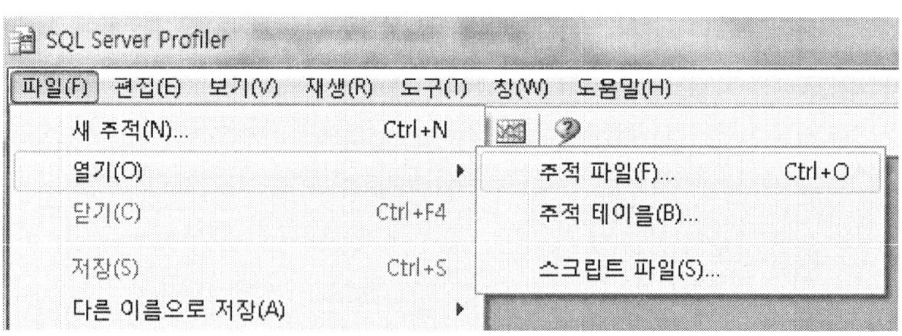

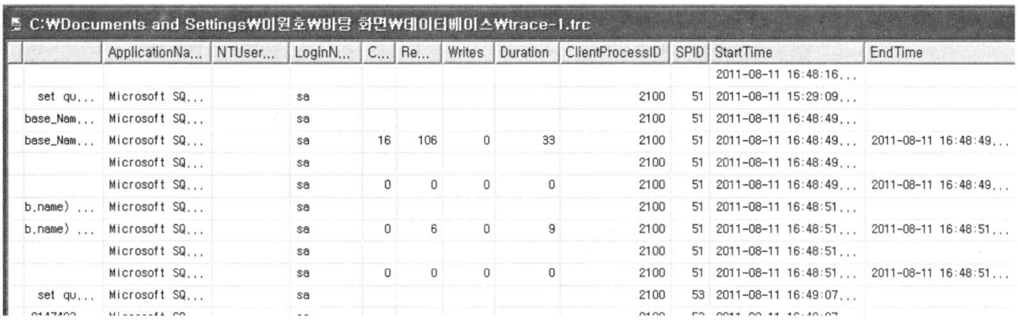

C:₩Documents and Settings₩이원호₩바탕 화면₩데이터베이스₩trace-1.trc

	ApplicationNa...	NTUser...	LoginN...	C...	Re...	Writes	Duration	ClientProcessID	SPID	StartTime	EndTime
										2011-08-11 16:48:16...	
set qu...	Microsoft SQ...		sa					2100	51	2011-08-11 15:29:09...	
base_Nam...	Microsoft SQ...		sa					2100	51	2011-08-11 16:48:49...	
base_Nam...	Microsoft SQ...		sa	16	106	0	33	2100	51	2011-08-11 16:48:49...	2011-08-11 16:48:49...
	Microsoft SQ...		sa					2100	51	2011-08-11 16:48:49...	
	Microsoft SQ...		sa	0	0	0	0	2100	51	2011-08-11 16:48:49...	2011-08-11 16:48:49...
b.name) ...	Microsoft SQ...		sa					2100	51	2011-08-11 16:48:51...	
b.name) ...	Microsoft SQ...		sa	0	6	0	9	2100	51	2011-08-11 16:48:51...	2011-08-11 16:48:51...
	Microsoft SQ...		sa					2100	51	2011-08-11 16:48:51...	
	Microsoft SQ...		sa	0	0	0	0	2100	51	2011-08-11 16:48:51...	2011-08-11 16:48:51...
set qu...	Microsoft SQ...		sa					2100	53	2011-08-11 16:49:07...	

2. 데이터베이스 백업 및 복원

1) 데이터베이스 백업(Back Up)

① 백업하고자 하는 데이터베이스를 선택한 후, [태스크] [백업]을 선택한다.

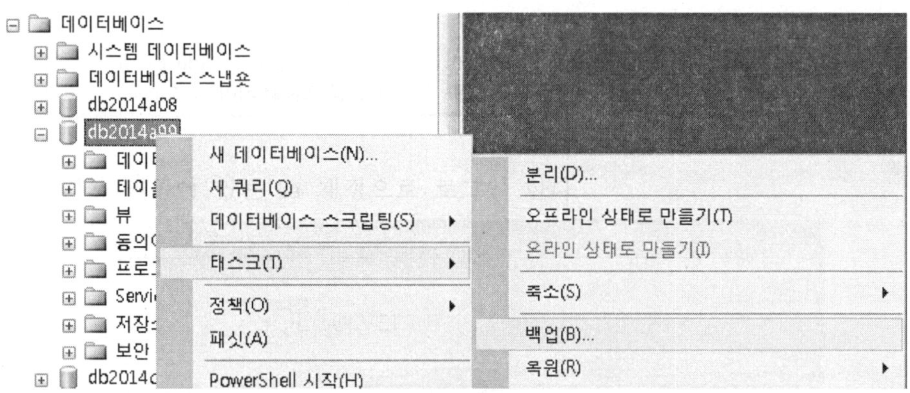

② '디스크에서 C:\Program Files\Microsoft SQL Server\MSSQL11.MSSQLSERVER\MSSQL\Backup 위치에 데이터베이스명.bak(db2014a99.bak)으로 백업한다.

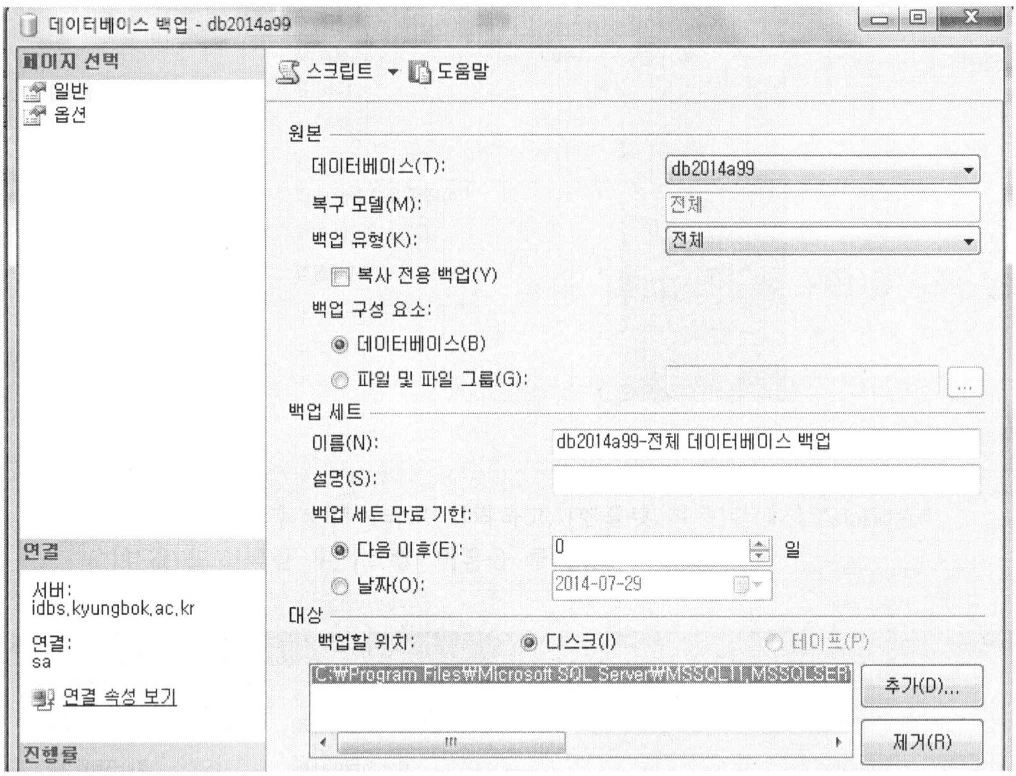

③ 데이터베이스 백업이 성공적으로 완료되면 아래와 같은 백업완료 창이 나타난다.

2) 데이터베이스 복원(Restore)

① 데이터베이스 폴더를 선택한 후, 오른쪽 마우스 버튼을 클릭 후 나타나는 단축메뉴에서 [태스크] [복원] [데이터베이스]를 차례로 선택한다.

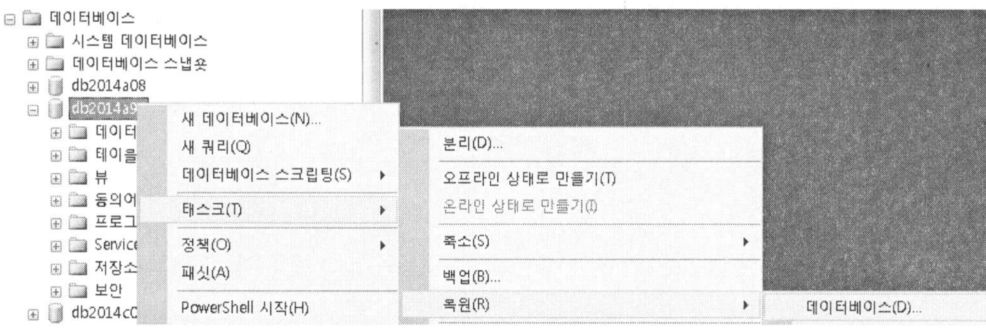

② 데이터베이스 이름에 "db2014a99"를 입력하고, 복원할 백업 세트의 원본 위치를 [장치]로 선택 클릭한 후, [...] 버튼을 클릭한다.

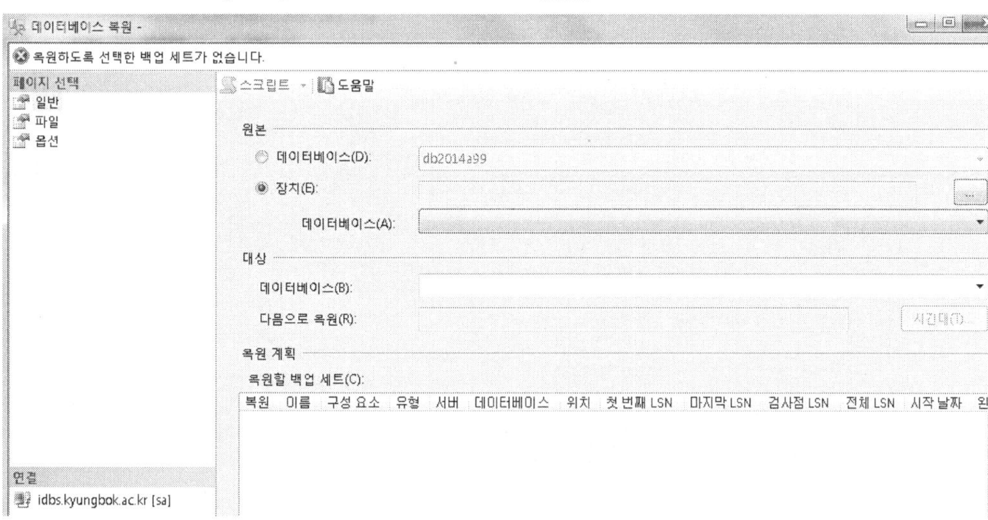

③ [추가] 버튼을 클릭한다.

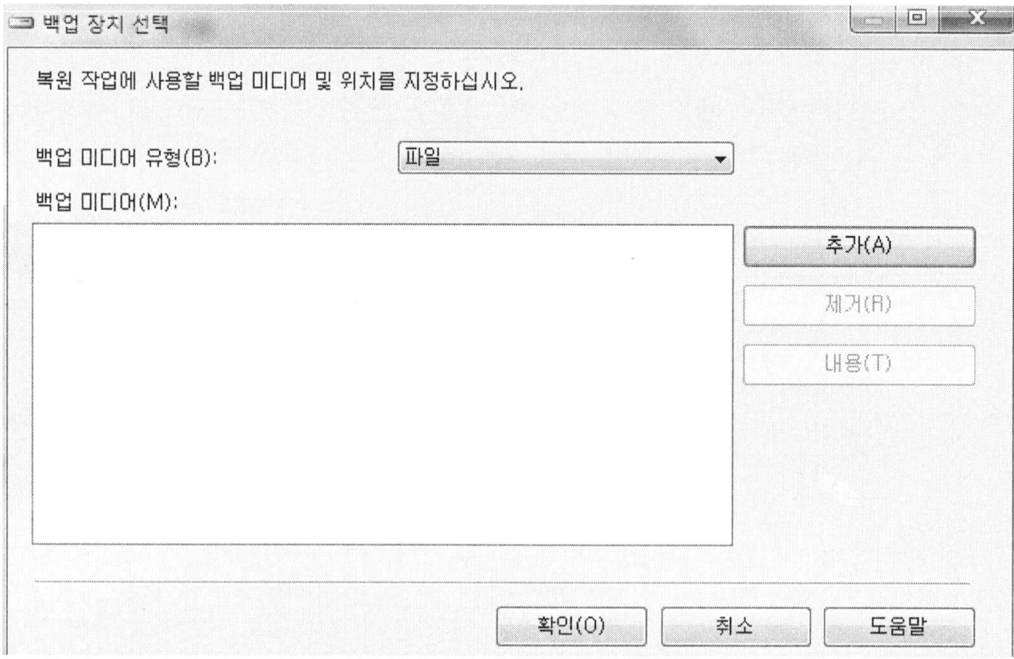

④ 백업된 파일 "db2014a99.bak"을 찾아 선택한 후, [확인] 버튼을 클릭한다.

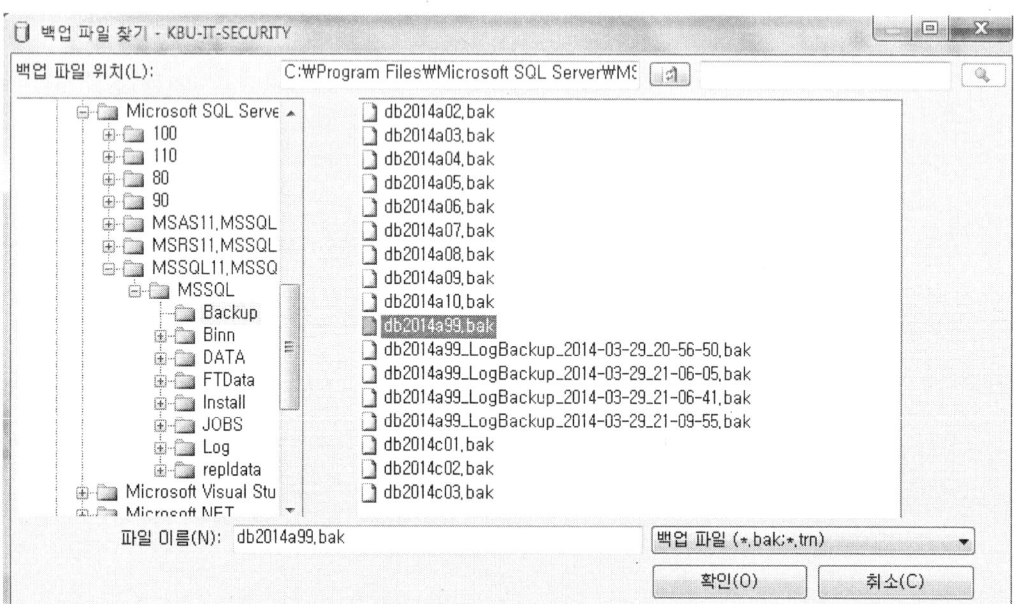

⑤ 백업 파일의 위치와 이름을 다시 확인 한 후, [확인] 버튼을 클릭한다.

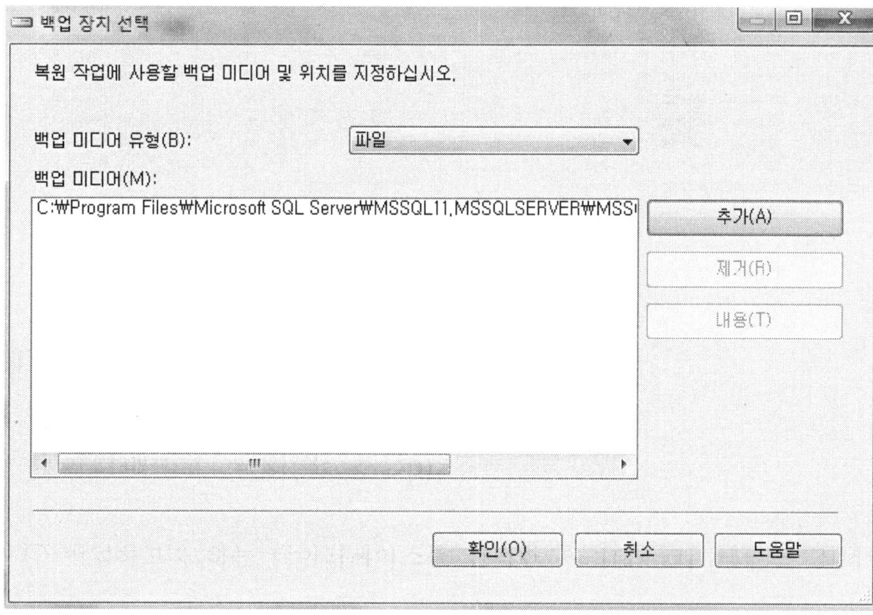

⑥ 복원에 사용할 백업 세트를 선택한 후, [확인] 버튼을 클릭한다

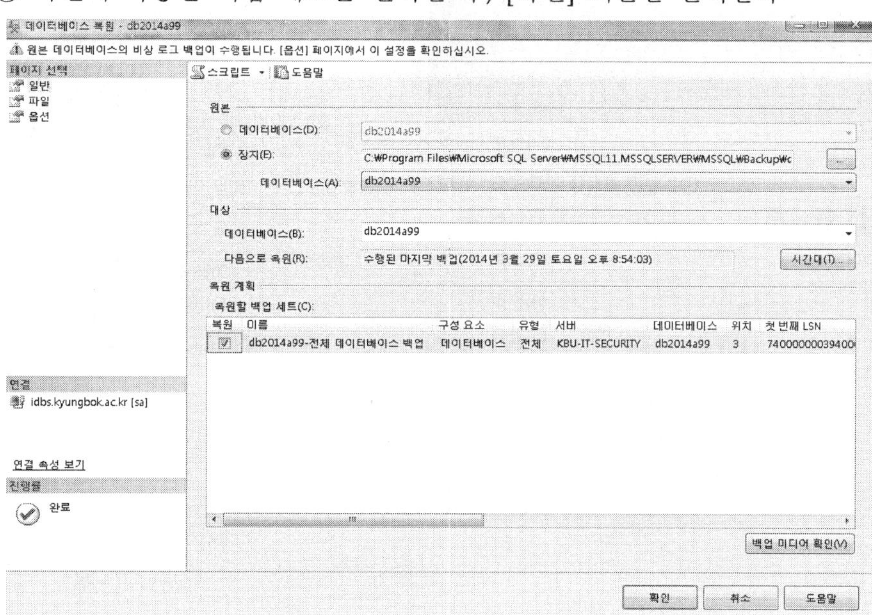

⑦ 복원이 성공적으로 완료되면, 아래와 같은 복원 완료 창이 나타난다.

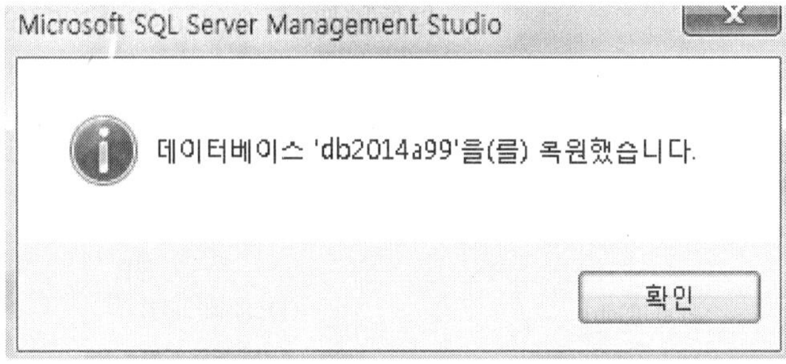

⑧ 앞서 백업 후 삭제하였던 데이터베이스 "db2014a99"가 완벽히 복원이 되었는지 확인한다.

3. 데이터베이스 연결

1) 데이터 파일과 로그파일을 가지고 데이터베이스 생성

데이터베이스의 데이터 파일(.mdf)와 로그 파일(.ldf)을 가지고 데이터베이스를 생성하는 작업이다. 다음은 Venture_Data.mdf 데이터 파일과 Venture_Log.ldf 로그 파일을 가지고 데이터베이스 Venture를 생성하는 과정이다.

① 관리자 sa 계정으로 로그인 한다.

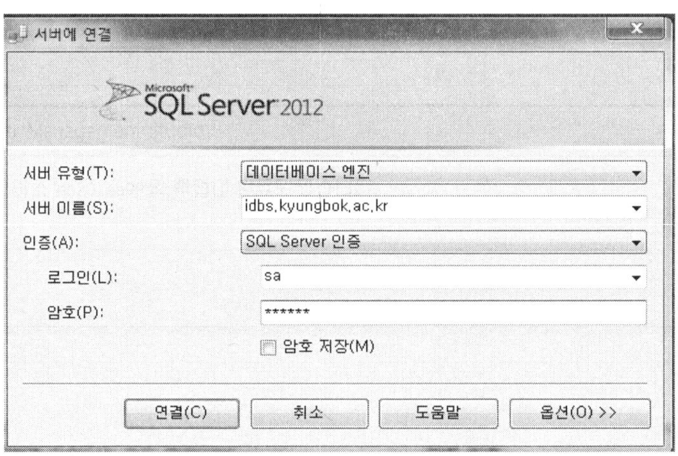

② 데이터베이스 폴더를 선택한 후 오른쪽 마우스를 클릭하여 나타난 단축메뉴에서 [연결]을 선택한다.

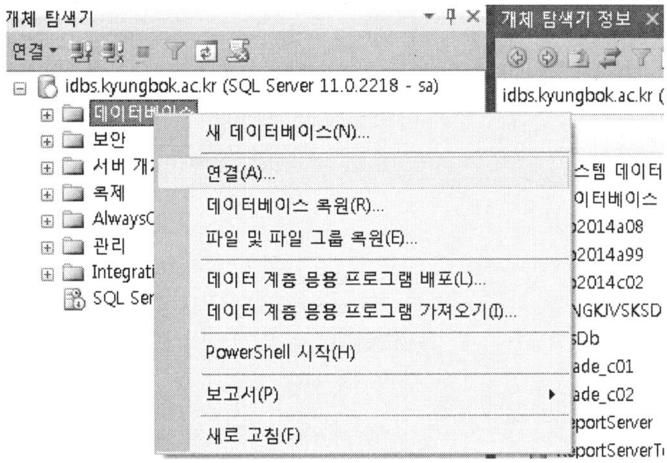

③ [추가] 버튼을 클릭한다.

④ Venture_Data_MDF 파일의 위치를 찾아 선택 후 [확인] 버튼을 클릭한다.

⑤ 선택한 데이터 파일인 Venture_data.MDF와 로그 파일인 Venture_Log.LDF를 확인한 후 [확인] 버튼을 클릭한다.

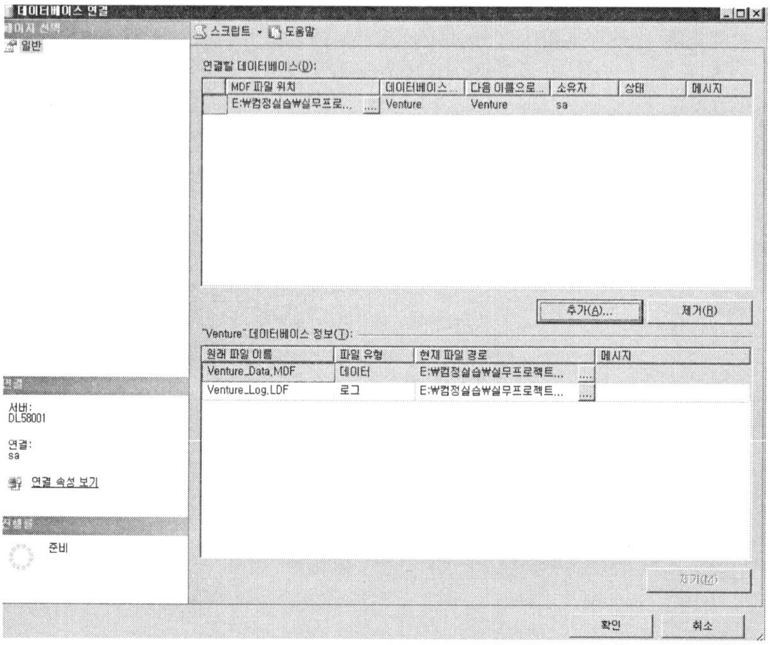

⑥ 아래와 같은 오류가 발생할 경우, Venture_data.MDF와 Venture_Log.LDF를 선택 한 후 오른쪽 마우스를 클릭하여 나타나는 단축메뉴에서 [속성]을 클릭한다.

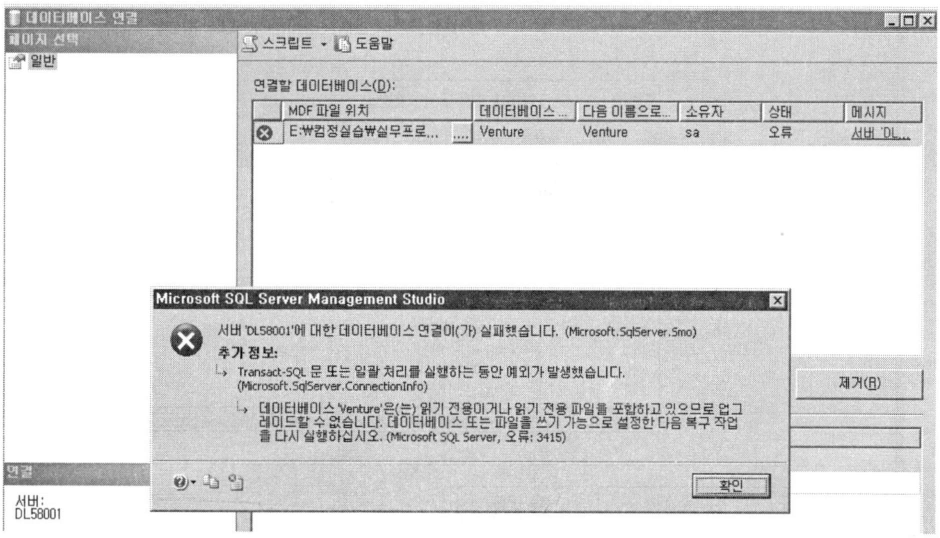

⑦ [보안] 탭을 클릭한 후 Users 사용자의 사용권한을 모든 권한으로 수정한다.

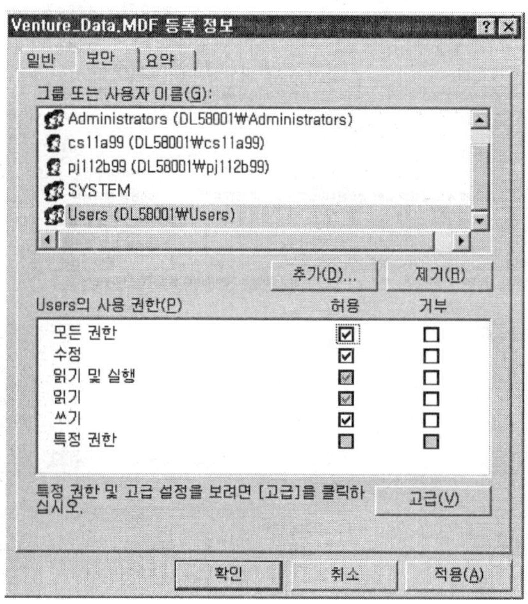

⑧ Venture 라는 데이터베이스가 생성된 것을 확인한다.

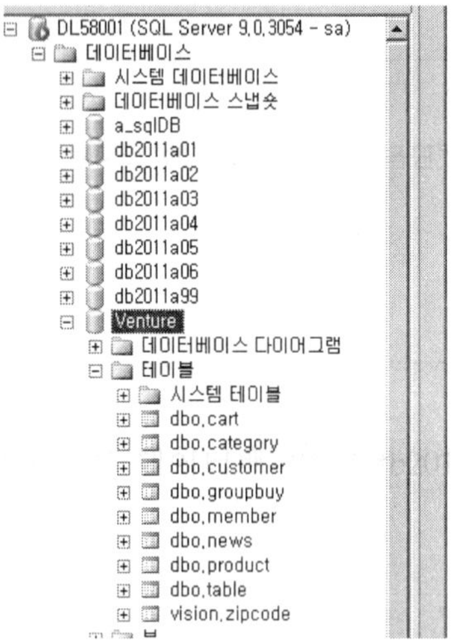

2) DSN 과 ODBC 설정

연결 하고자 하는 데이터베이스에 DSN(Data Source Name)을 부여하고 ODBC(Object DataBase Connectivity)를 설정하는 과정이다.

① [관리도구] [데이터 원본(ODBC)]를 차례로 선택한다.

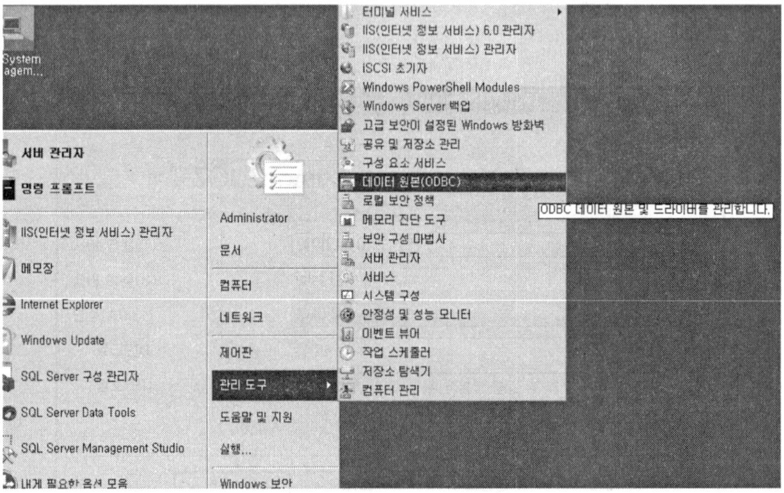

② [시스템 DSN]을 선택한 후 [추가] 버튼을 클릭한다.

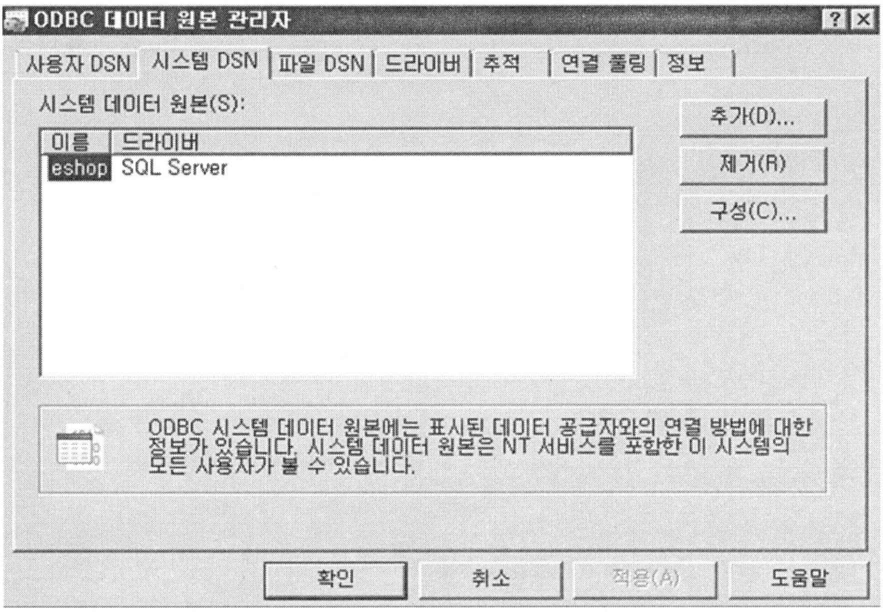

③ 데이터 원본을 설정할 드라이브를 [SQL Server]로 선택한 후 [마침] 버튼을 클릭한다.

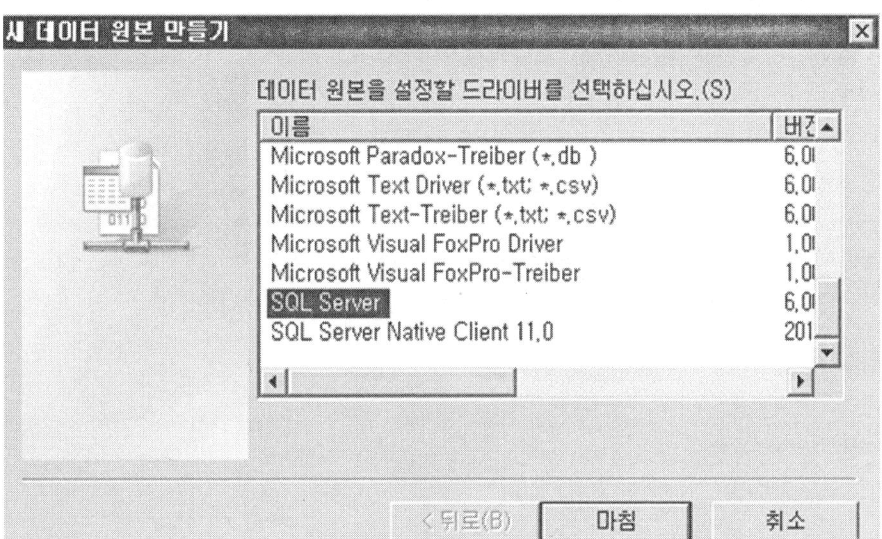

④ DSN 이름을 [dbu2014a99]라고 입력하고 연결할 SQL Server 란에 [idbs.kyungbok.ac.kr]이란 DB 서버 명을 입력한 후, [다음] 버튼을 클릭한다.

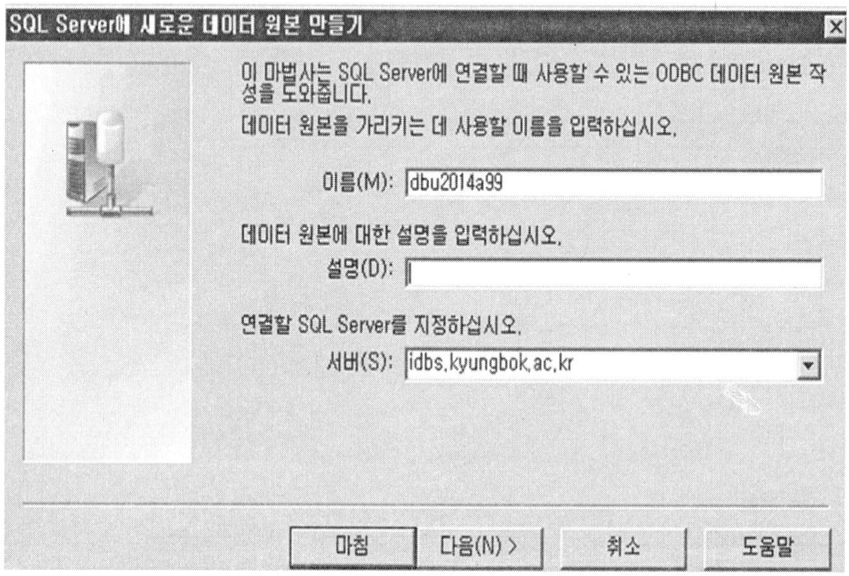

⑤ [사용자가 입력한 로그인 ID 및 암호를 사용하는 SQL Server 인증 사용]을 선택한 후, 로그인 ID와 암호에 SQL서버 접속 시 사용자 계정을 입력한 후, [다음] 버튼을 클릭한다.

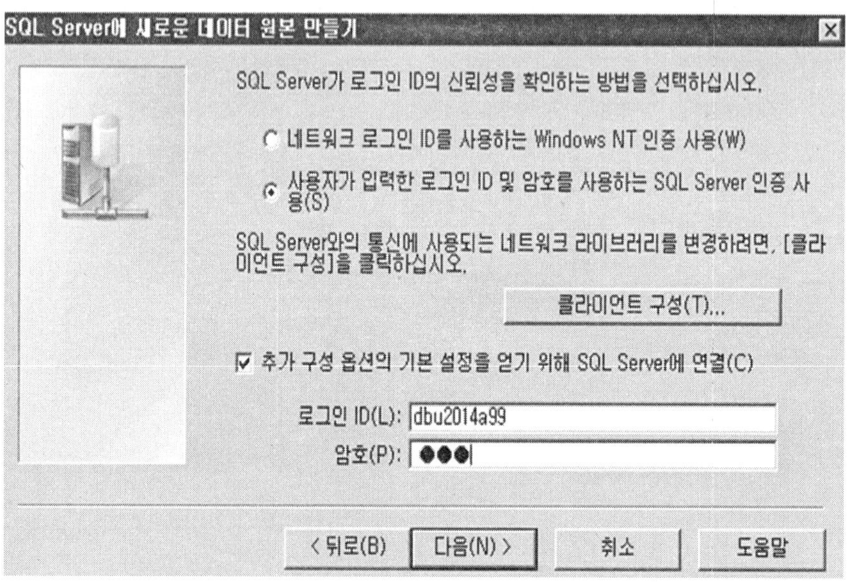

⑥ 기본 데이터베이스를 사용자 계정이 사용할 데이터베이스인 [db2014a99]를 선택 한 후, [다음]버튼을 클릭한다.

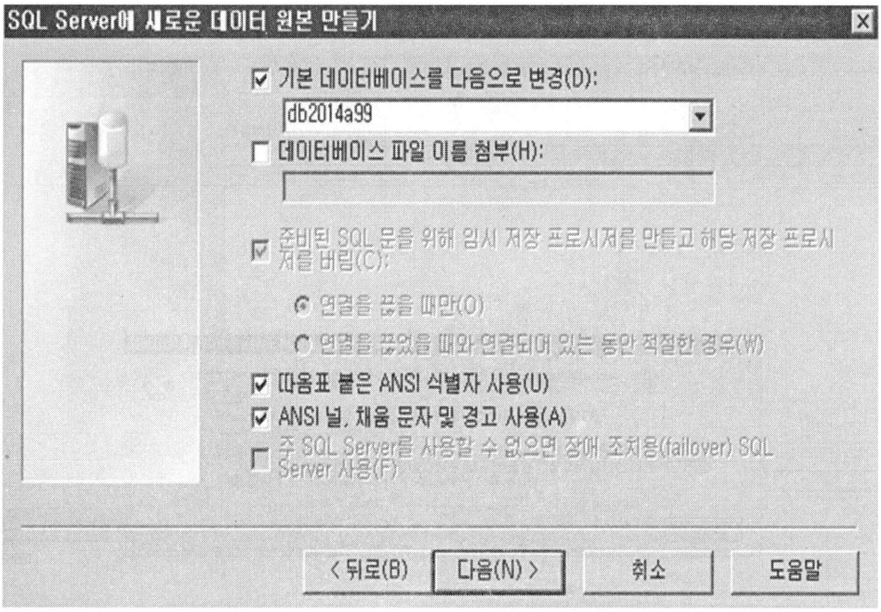

⑦ SQL Server 시스템 메시지 언어를 [Korean]으로 선택한 후, [마침] 버튼을 클릭한다.

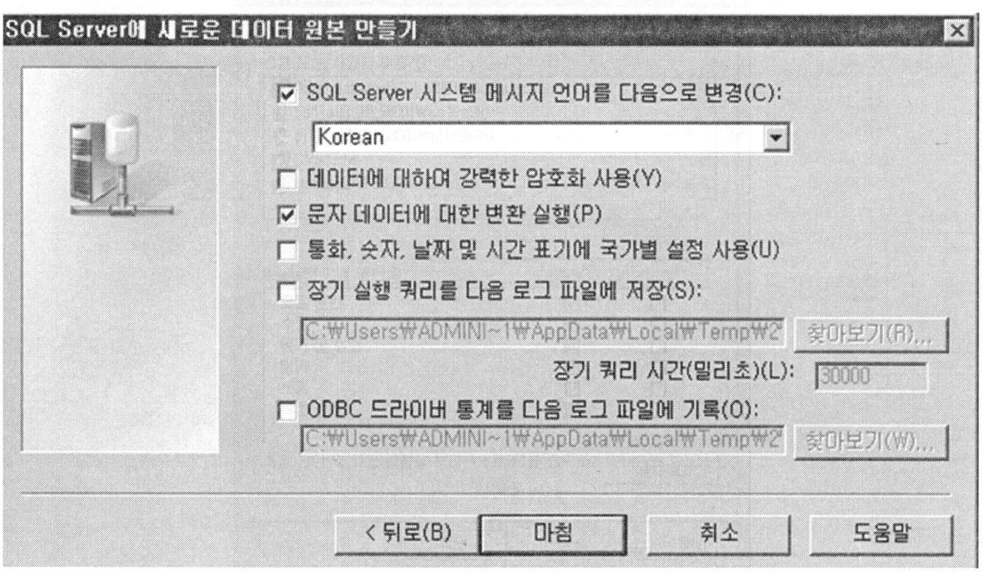

⑧ [데이터 원본 테스트] 버튼을 클릭한 후, 이상이 없으면 [확인] 버튼을 클릭한다.

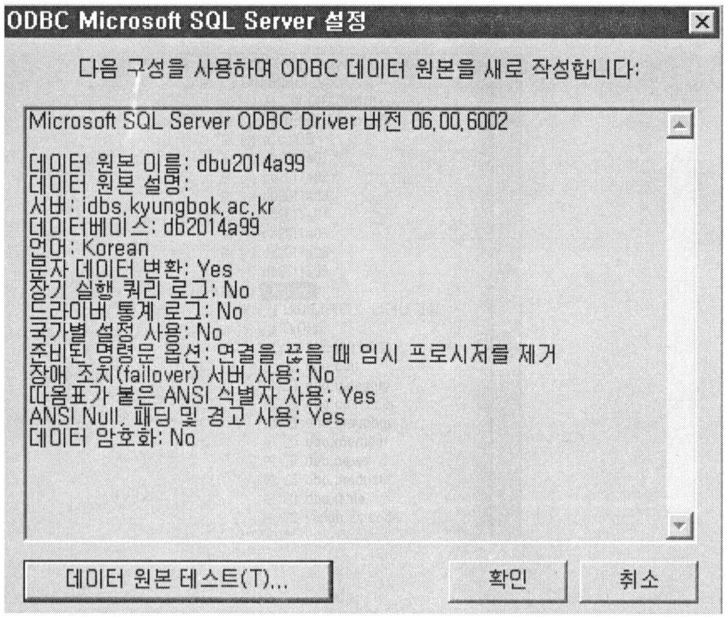

⑨ DSN 이름과 ODBC가 제대로 설정되었는 지 확인 한 후, [확인] 버튼을 클릭한다.

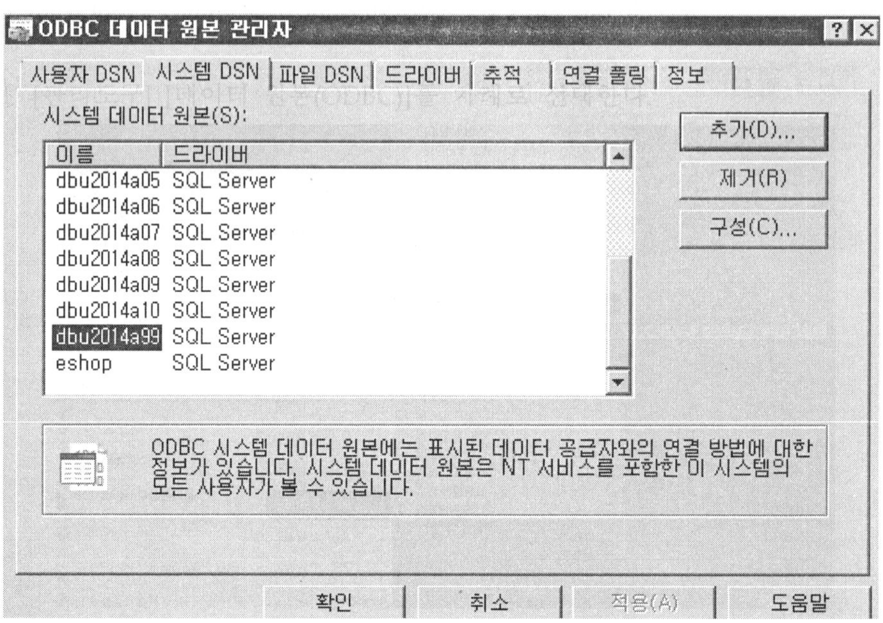

제8장 웹서버 실습 환경 구축

1. 서버 계정 생성

① 프로그램 메뉴에서 [관리도구] [컴퓨터관리]를 차례로 선택한다.

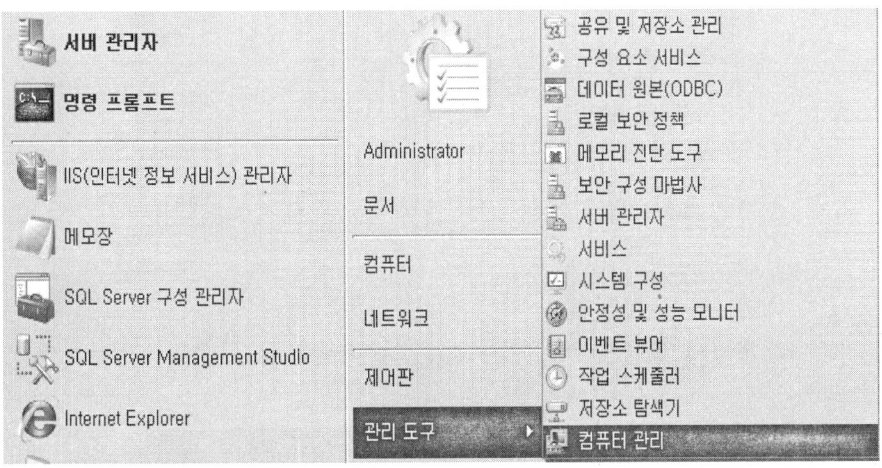

② [로컬 사용자 및 그룹] 밑에 위치한 [사용자] 폴더에서 오른쪽 마우스 버튼을 클릭하고 나타난 단축메뉴에서 [새 사용자]를 선택한다.

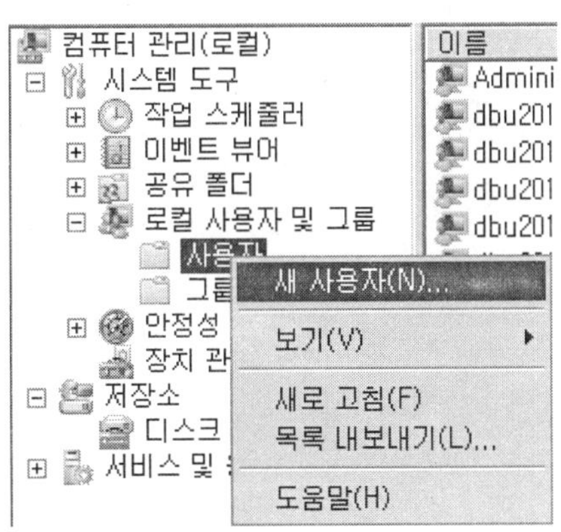

③ 사용자 아이디와 암호를 입력한 후, 암호 옵션을 설정한 후 [만들기] 버튼을 클릭한다.

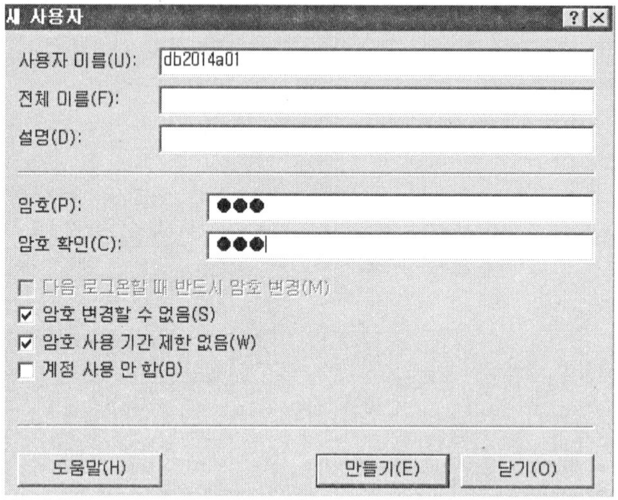

④ 사용자 계정이 정상적으로 생성되었는지 확인한다.

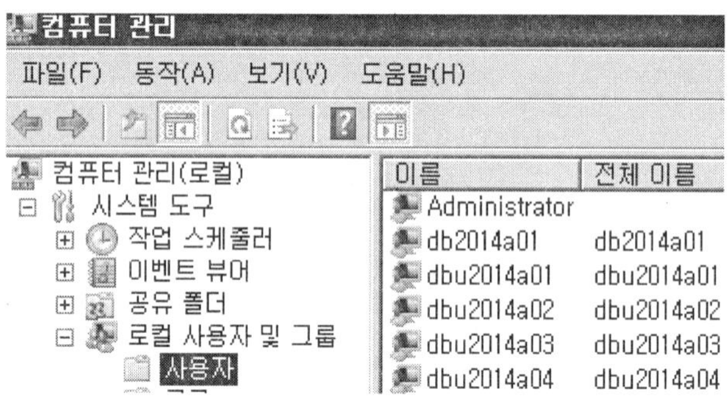

2. FTP 서비스 환경 구축

1) FTP 서비스 가상 디렉터리 설정

① 서버 공간에 새로운 사용자 폴더를 만든다.

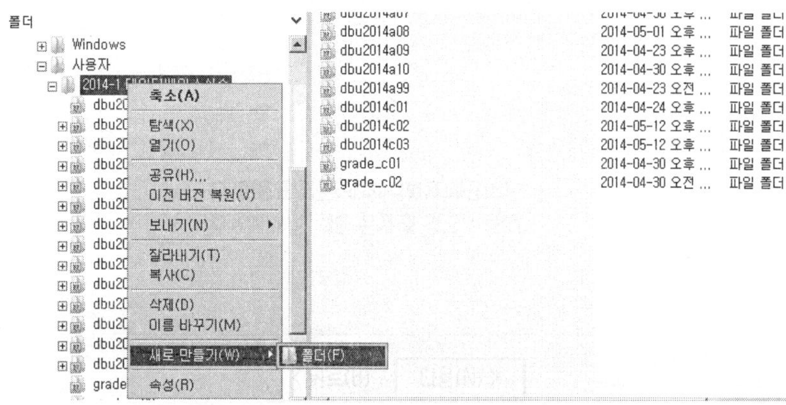

② 새로 만든 폴더에 오른쪽 마우스 버튼을 클릭하고 나타난 단축메뉴에서 [속성]을 선택한다.

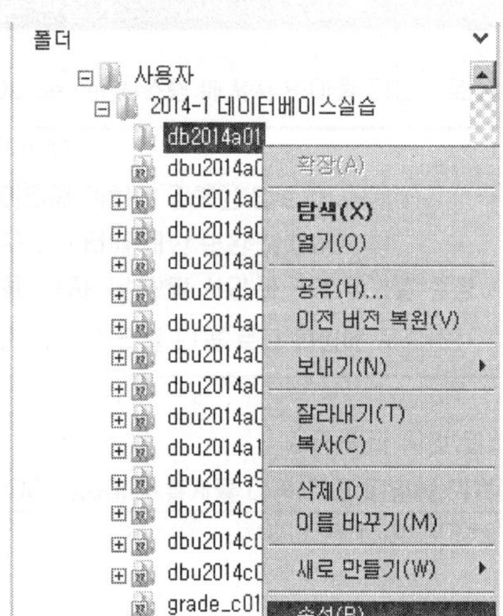

③ [보안] 탭을 선택하고 나타난 창에서 [편집] 버튼을 클릭한 후 나타나는 사용권한 창에서 [추가] 버튼을 클릭한다.

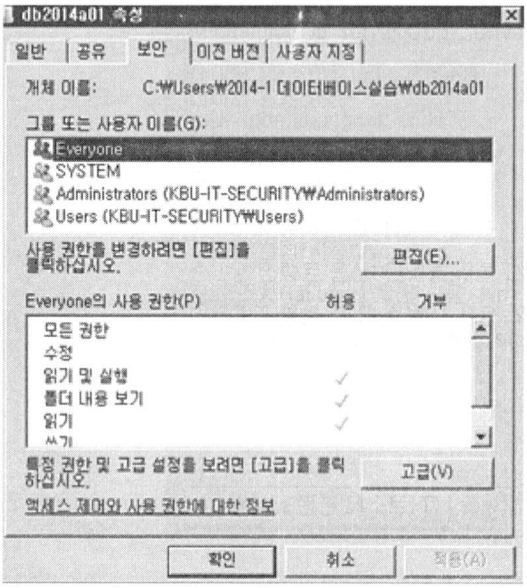

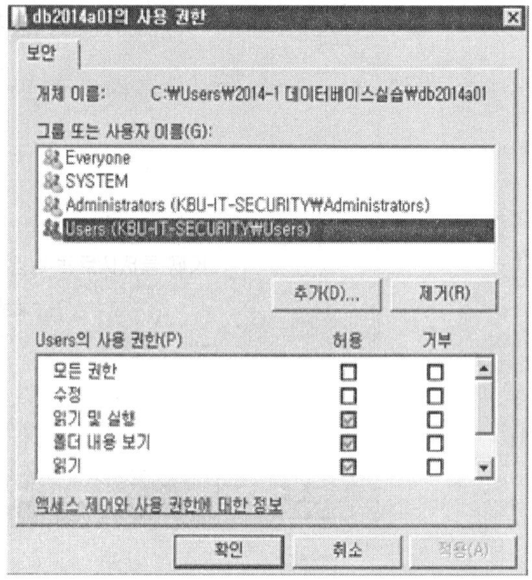

④ 선택할 개체이름에 사용자 아이디를 입력한 후 [확인] 버튼을 클릭한다.

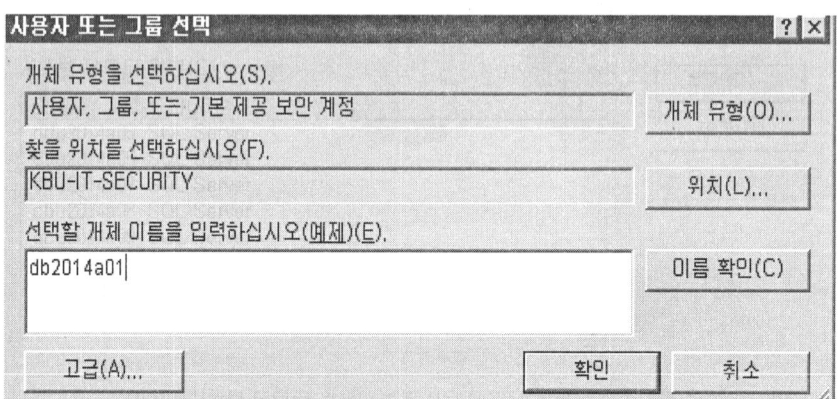

⑤ 사용자 계정의 모든 권한을 허용하도록 체크한 후 [확인] 버튼을 클릭한다.

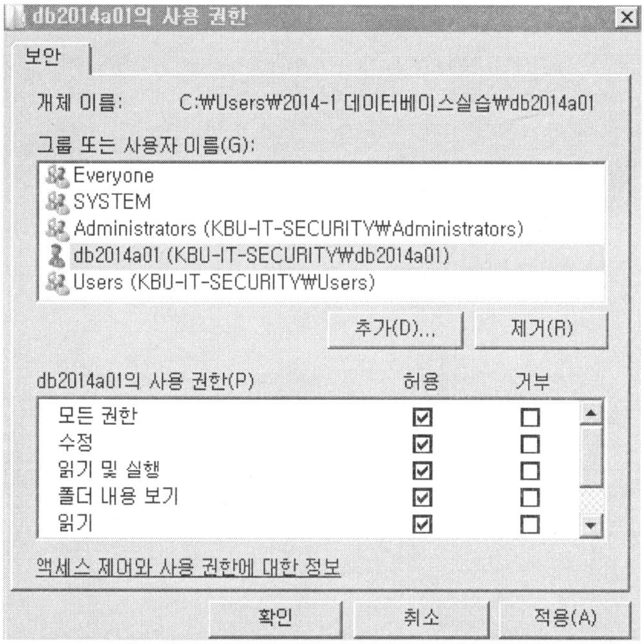

⑥ 프로그램 메뉴에서 [관리도구] [IIS(인터넷정보서비스) 6.0관리자]를 선택한다.

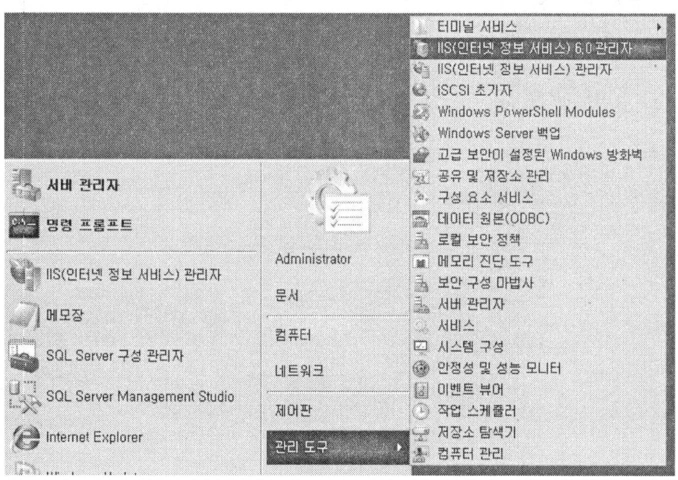

⑦ 사용하는 FTP 사이트를 선택하여 마우스 오른쪽 버튼을 클릭하여 나타난 단축메뉴에서 [새로만들기] [가상디렉터리]를 선택한다.

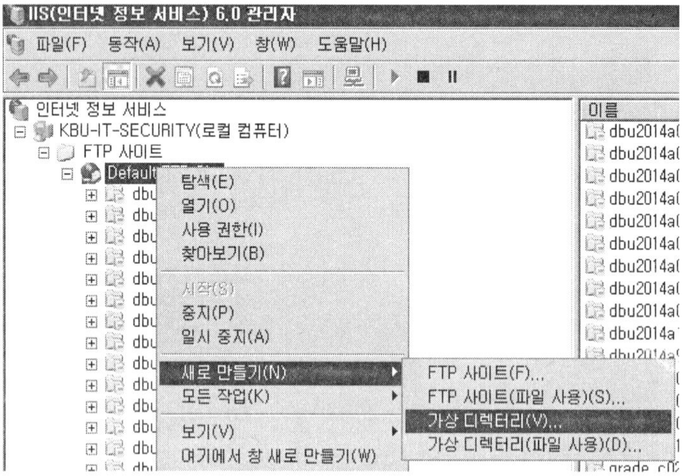

⑧ [다음] 버튼을 클릭한다.

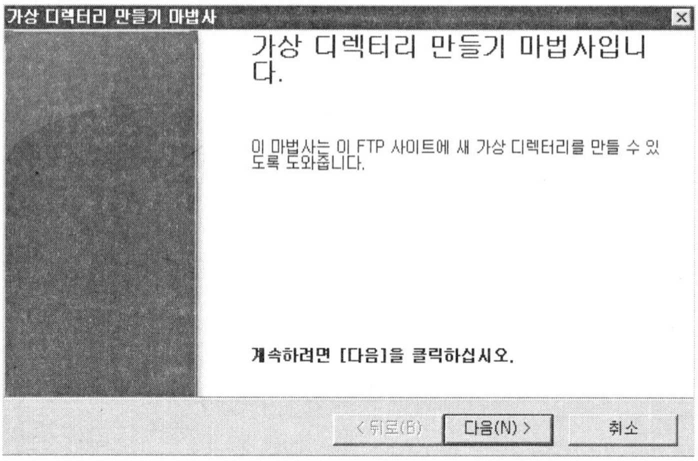

⑨ 별칭에 사용자 아이디를 입력한 후 [다음] 버튼을 클릭한다.

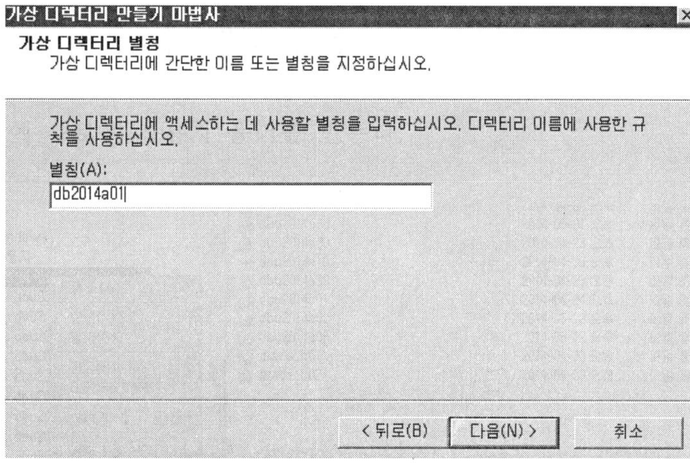

⑩ DATA(E:) 볼륨에 생성했던 사용자 폴더를 찾아 선택한다.

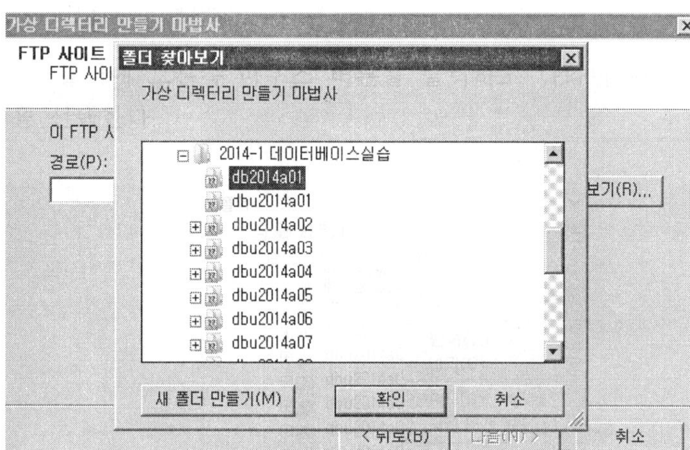

⑪ 선택한 사용자 폴더의 경로를 확인한 후 [다음] 버튼을 클릭한다.

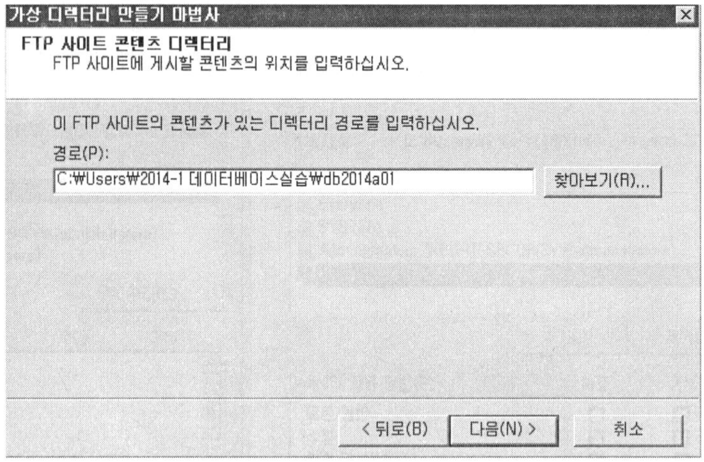

⑫ [읽기]와 [쓰기] 권한을 모두 체크한 후 [다음] 버튼을 클릭한다.

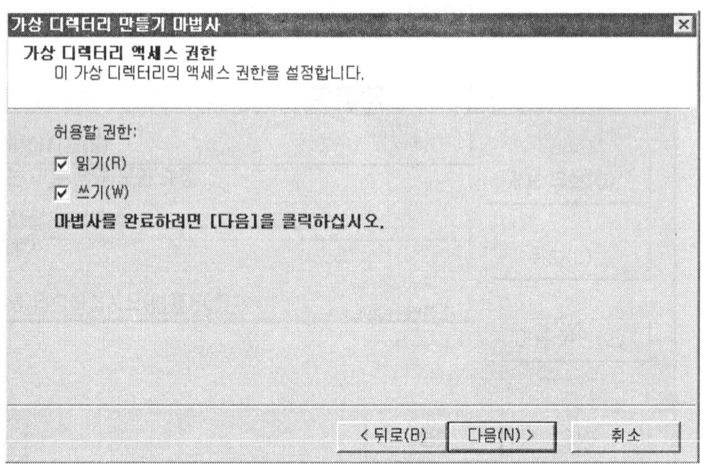

⑬ [마침] 버튼을 클릭한다.

⑭ 해당하는 FTP 사이트에 사용자 가상 디렉터리가 정상적으로 생성되었는지 확인한다.

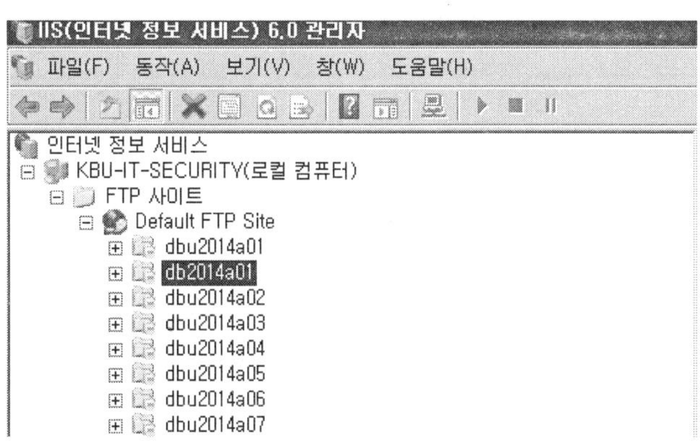

2) 알FTP 활용하여 서버에 업로드

① 인터넷에서 프리웨어 소프트웨어인 알FTP를 검색하여 다운로드 받아 설치한다.

② 알FTP 실행하여 나타난 화면에서 상단 메뉴에 위치한 [접속하기] 아이콘을 클릭한다.

③ 아래와 같이 FTP 주소, 사용자 ID, 비밀번호, 포트번호를 입력한 후 [확인] 버튼을 클릭한다.

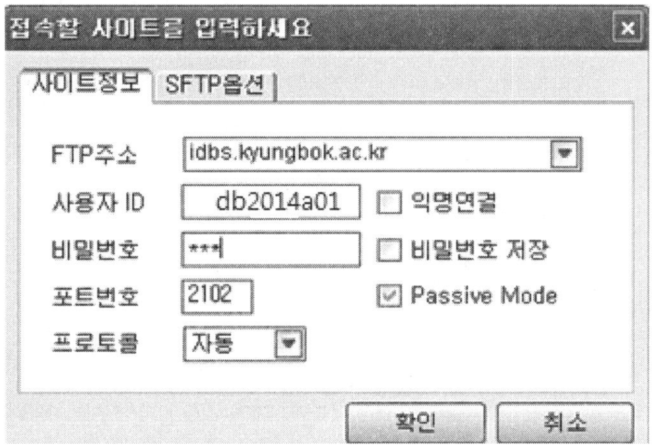

④ [닫기] 버튼을 클릭한다.

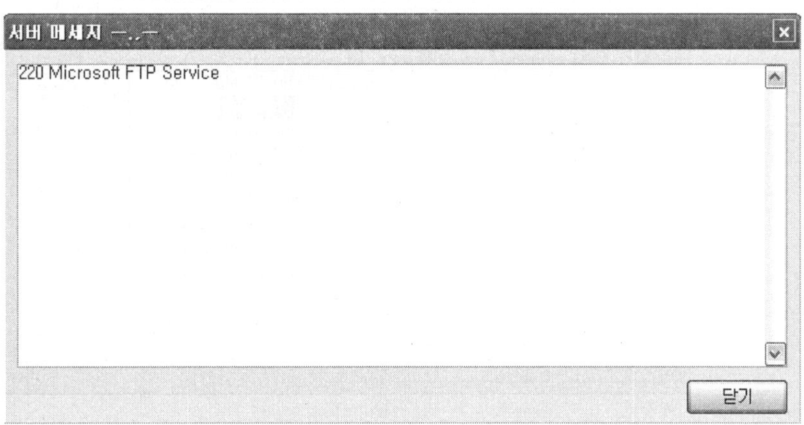

⑤ FTP 접속이 정상적으로 되었는지 확인한다.

⑥ 로컬 PC에서 특정 파일 [default.htm]을 선택한 후 [업로드] 아이콘을 클릭하여 서버에 성공적으로 업로드 되었는지 확인한다.

3. 웹 서비스 환경 구축

1) 웹 서비스 가상 디렉터리 설정

① 사용하는 웹사이트를 선택한 후 오른쪽 마우스 버튼을 클릭하여 나타난 단축메뉴에서 [가상디렉터리 추가]를 선택한다.

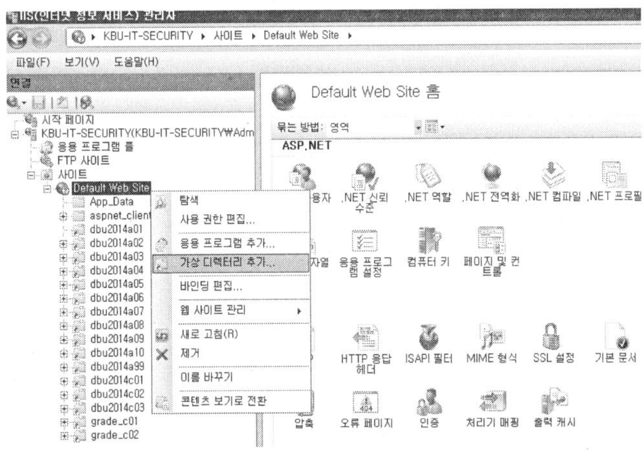

② 별칭을 입력한 후 서버에 생성했던 사용자 폴더의 경로를 찾아 선택한 후 [확인] 버튼을 클릭하고, 이어서 나타나는 창에서 다시 [확인] 버튼을 클릭한다.

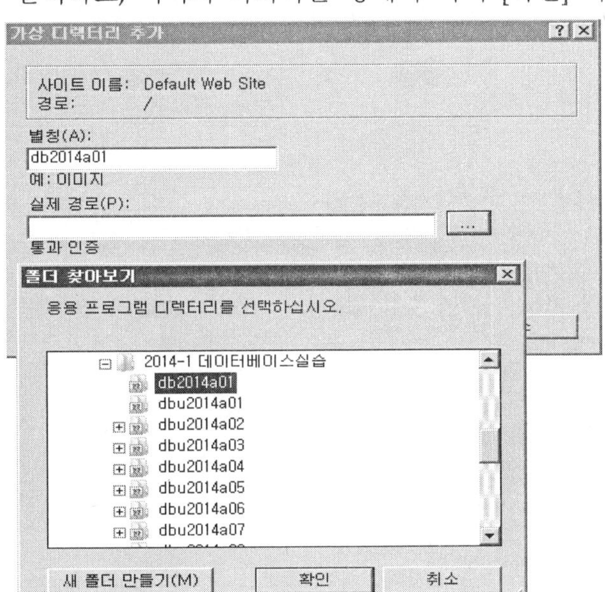

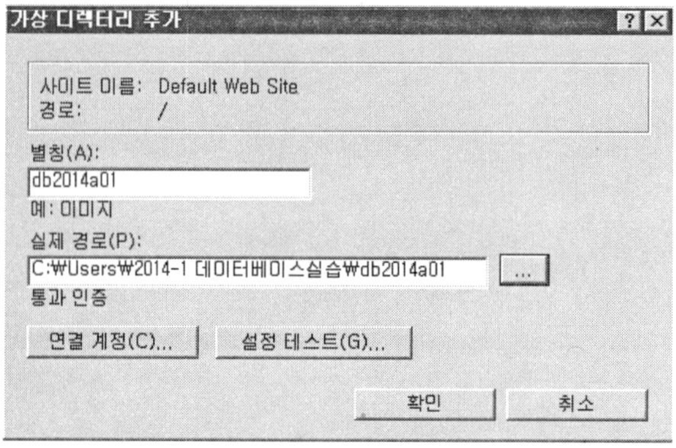

③ 가상 디렉터리가 생성되었는지 확인한다.

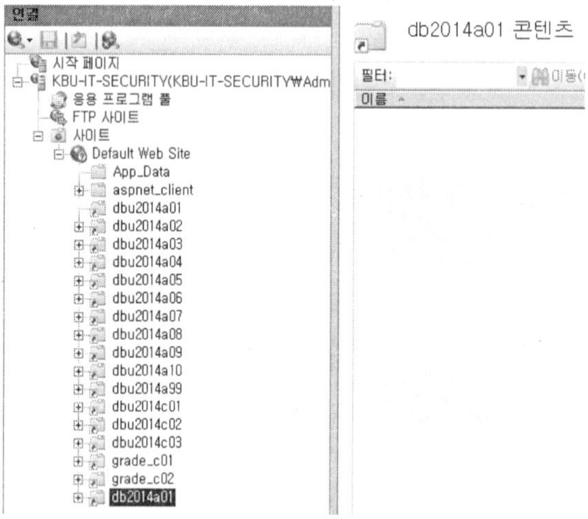

2) 웹 프로그램의 서버 실행 확인

URL 주소 란에 http://idbs.kyungbok.ac.kr/db2014a01/welcome.asp를 입력하여 FTP로 서버에 업로드한 welcome.asp가 정상적으로 실행되는지 확인한다.

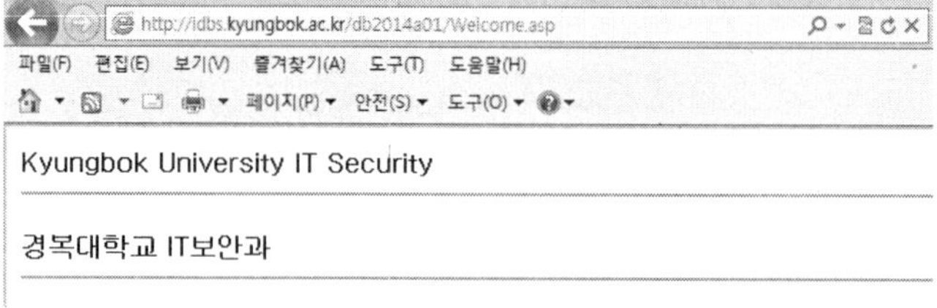

제9장 데이터베이스 연동 실습

1. 예제 쇼핑몰 화면 구성

1) 메인 화면

① http://idbs.kyungbok.ac.kr/dbu2014a99/eshop_2/default.asp 실행하면 아래와 같은 예제 쇼핑몰의 메인화면이 뜨게 된다. 이때 default.asp를 생략한 http://idbs.kyungbok.ac.kr/dbu2014a99/eshop_2 실행해도 동일한 메인화면이 나타난다.

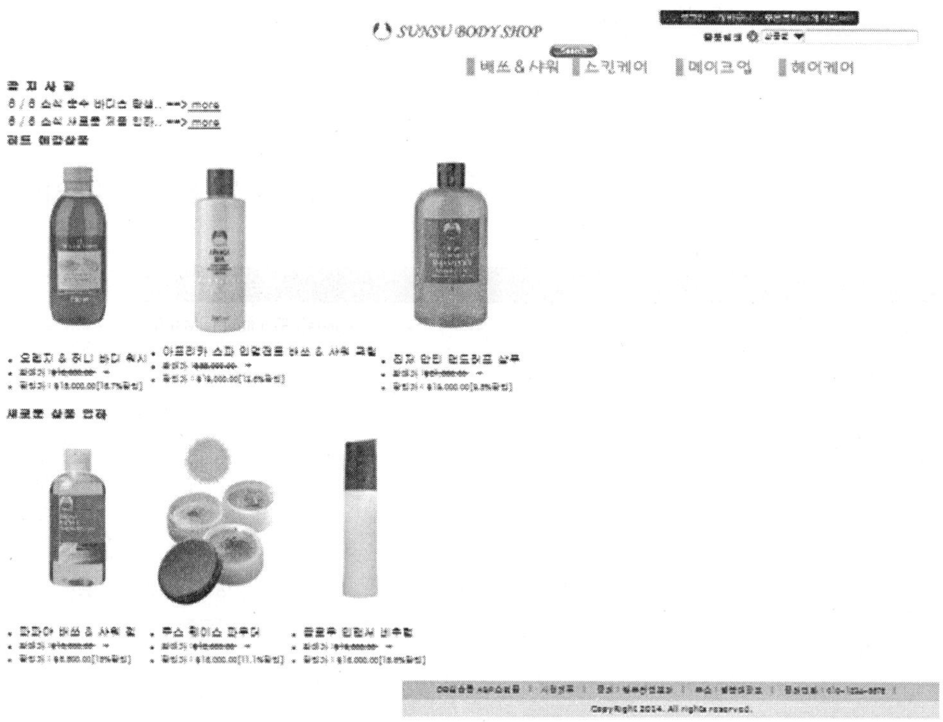

② 이와 같이 default.asp를 생략해도 되는 이유는 아래와 같이 default.asp 가 웹서버 상에서 기본문서로 등록이 되어 있기 때문이다.

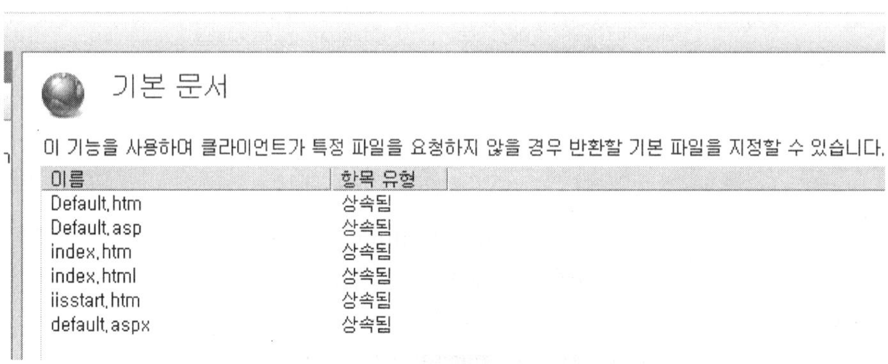

2) 서브 화면

① 상품검색결과

http://idbs.kyungbok.ac.kr/dbu2014a99/eshop_2/shop/search.asp

② (헤어케어) 상품리스트

http://idbs.kyungbok.ac.kr/dbu2014a99/eshop_2/shop/plist.asp?code=hk

③ (햄프헤어) 상품선택

http://idbs.kyungbok.ac.kr/dbu2014a99/eshop_2/shop/cart.asp?pcode=hk002&code=hk

④ (햄프헤어) 장바구니 넣기

http://idbs.kyungbok.ac.kr/dbu2014a99/eshop_2/shop/cart.asp?pcode=hk002&code=hk

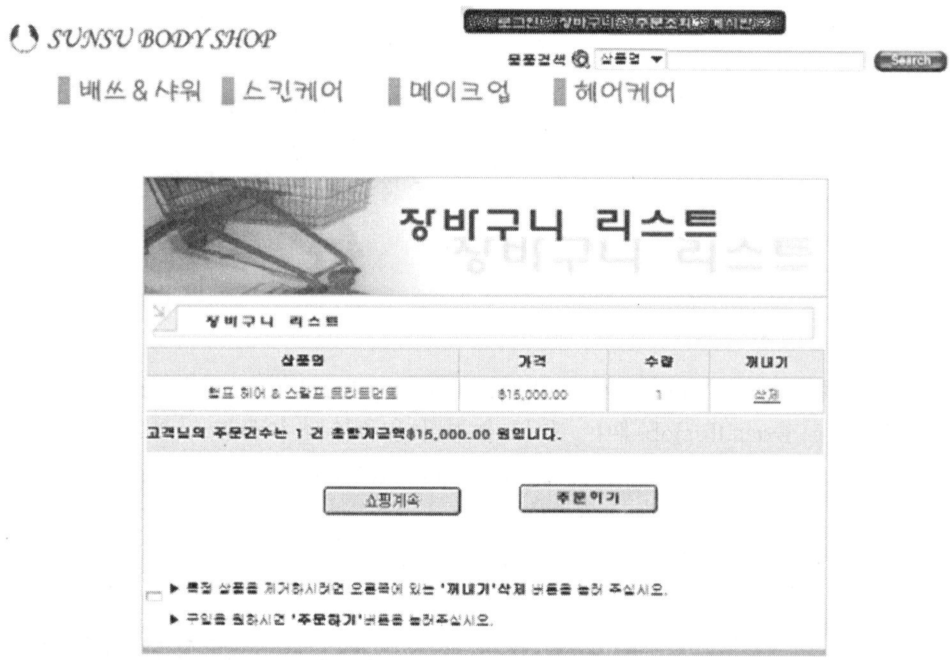

⑤ 공지사항

http://idbs.kyungbok.ac.kr/dbu2014a99/eshop_2/shop/news.asp?num=7

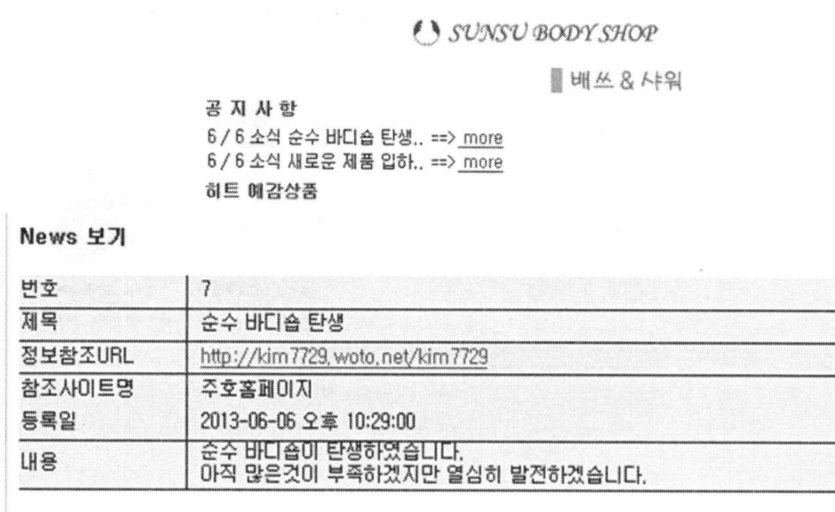

⑥ 로그인

http://idbs.kyungbok.ac.kr/dbu2014a99/eshop_2/shop/shoplogin.asp?mode=3

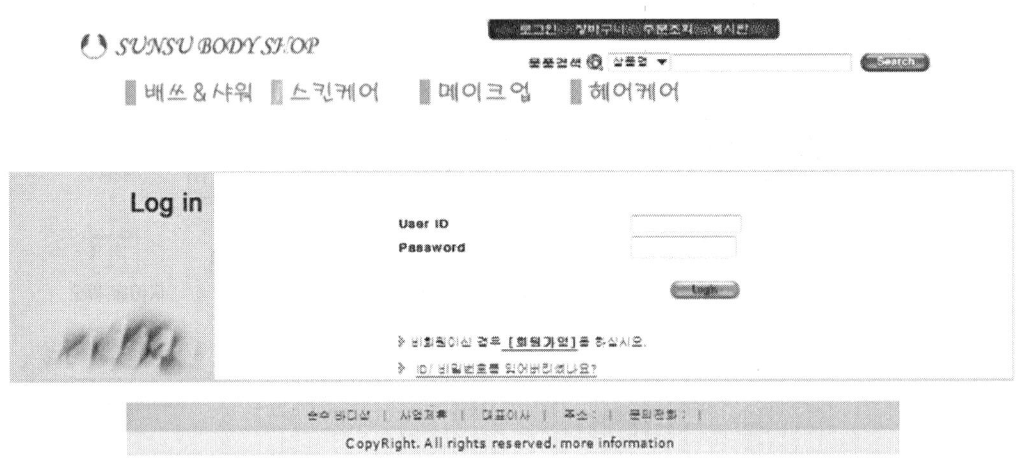

⑦ 회원가입

http://idbs.kyungbok.ac.kr/dbu2014a99/eshop_2/member/Register.html

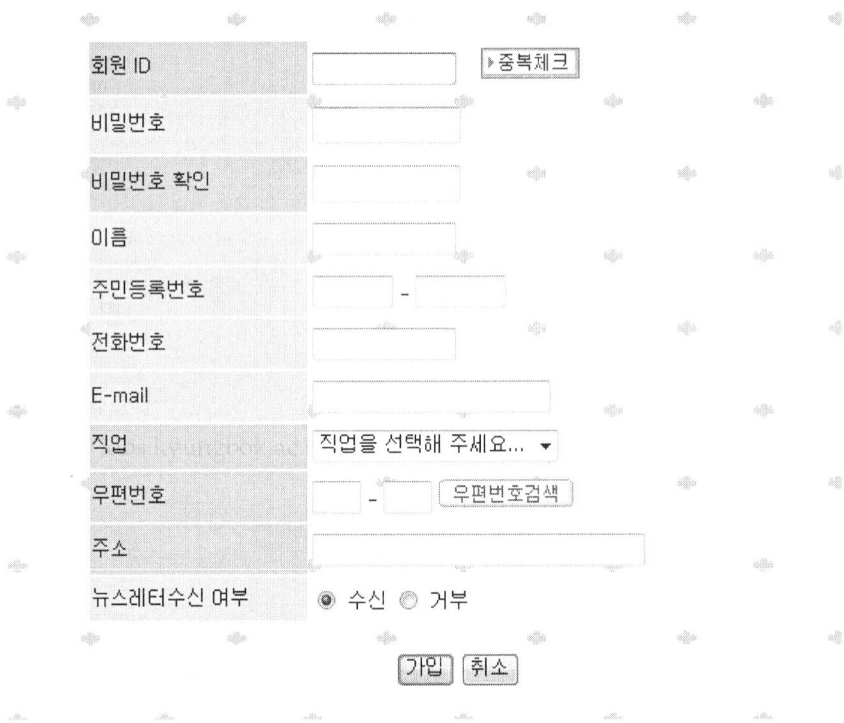

2. 예제 쇼핑몰 관련 테이블

① 회원 Table (member)

KBU-IT-SECURITY....4a99 - dbo.member ×

열 이름	데이터 형식	Null 허용
num	float	☑
id	nvarchar(255)	☑
pwd	nvarchar(255)	☑
name	nvarchar(255)	☑
ssn1	nvarchar(255)	☑
ssn2	nvarchar(255)	☑
hp	nvarchar(255)	☑
email	nvarchar(255)	☑
part	nvarchar(255)	☑
zip	nvarchar(255)	☑
address	nvarchar(255)	☑
cinfo	nvarchar(255)	☑
mdate	datetime	☑
point	float	☑
		☐

num	id	pwd	name	ssn1	ssn2	hp	email	part	zip	address	cinfo	mdate	point
10	12345	12345	사림	123456	1234563	024959395	re@gr.com	0	464742	경기도 광주군 ...	NULL	NULL	NULL
7	주호바보	1212	누구게~	123456	1234567	NULL	1@1	3	NULL	NULL	NULL	NULL	NULL
3	bada	bada	바다	810413	1785412	010-9954-1479	kkwsk@sds.com	3	153010	서울특별시 금...	NULL	NULL	NULL
9	ccc	ccc	김한나	840511	3333333	555-5555	hanna@hanmir...	5	449702	경기도 용인시 ...	NULL	NULL	NULL
8	dreamftts	0729	박은혜	123456	1234567	111-1111-1111	dfaasw@hanm...	0	NULL	NULL	NULL	NULL	NULL
2	hahaha	hahaha	김민호	810413	1785449	010-2147-0147	KSKDKS@SKD...	2	712701	경상북도 경산...	Y	NULL	NULL
6	hanmentor	111	한은주	111111	1111111	11111	hanmentor@h...	5	701032	대구광역시 동...	NULL	NULL	NULL
5	ilov2mh	1314	장상철	123456	1234563	016-514-0818	ilov2mh@hot...	3	703061	대구광역시 서...	NULL	NULL	NULL
1	kim7729	kim7729	윤주호	810413	1785411	016-9396-3215	kim7729@shin...	3	791040	경상북도 포항...	Y	NULL	NULL
4	masamix	1111	메롱	132456	1234563	123-132-5465	dsfkl@sdlkfj.d	1	150010	서울특별시 영...	NULL	NULL	NULL
NULL	NULL	NULL	NULL	NULL	NULL	NULL	NULL	NULL	NULL	NULL	NULL	NULL	NULL

② 고객 Table (customer)

KBU-IT-SECURITY.d...99 - dbo.customer

열 이름	데이터 형식	Null 허용
num	float	☑
id	nvarchar(255)	☑
uniqueID	float	☑
name	nvarchar(255)	☑
email	nvarchar(255)	☑
ssn1	nvarchar(255)	☑
ssn2	nvarchar(255)	☑
payman	nvarchar(255)	☑
zip	nvarchar(255)	☑
address	nvarchar(255)	☑
totalmoney	float	☑
tel	nvarchar(255)	☑
orderday	datetime	☑
etc	nvarchar(MAX)	☑
topay	nvarchar(255)	☑
step	nvarchar(255)	☑
stepdate	datetime	☑

	name	email	ssn1	ssn2	payman	zip	address	totalmoney	tel	orderday	etc	topay	step	stepdate
3	윤주호	kim7729@shin...	810413	1785411	윤주호	791040	경상북도 포항...	40500	016-9396-3215	2013-06-06 2...	줄케	1	2	2013-0...
9	김민호	KSKDKS@SKD...	810413	1785449	aaaa	712701	경상북도 경산...	22500	010-2147-0147	2013-06-06 2...	ahahahaha	1	1	NULL
2	바다	kkwsk@sds.com	810413	1785412	바다	153010	서울특별시 금...	47500	010-9954-1479	2013-06-09 0...	NULL	1	4	2013-0...
2	장상철	ilov2mh@hot...	123456	1234563	장상철	703061	대구광역시 서...	36500	016-514-0818	2013-06-09 1...	주호야 고...	1	1	NULL
2	장상철	ilov2mh@hot...	123456	1234563	장상철	703061	대구광역시 서...	195000	016-514-0818	2013-06-09 1...	주호야 빨...	1	1	NULL
7	메롱	dsfkl@sdlkfj.d	132456	1234563	윤주호줄~	150010	서울특별시 영...	8021941248	123-132-5465	2013-06-09 1...	-_-/	1	4	2013-0...
4	김한나	hanna@hanmir...	840511	3333333	ffffff	449702	경기도 용인시 ...	52400	555-5555	2013-06-09 1...	ffffff	1	1	NULL
	NULL	NULL	NULL	NULL	NULL	NULL	NULL	NULL	NULL	NULL	NULL	NULL	NULL	NULL

③ 우편번호 Table (zipcode)

KBU-IT-SECURITY.d...a99 - dbo.zipcode × KBU-IT-SECURITY.d...99 - dbo.customer

열 이름	데이터 형식	Null 허용
POST	nvarchar(255)	☑
Add1	nvarchar(255)	☑
Add2	nvarchar(255)	☑
Add3	nvarchar(255)	☑

post1	post2	add1	add2	add3
780	010	경상북도	경주시	성동동
780	360	경상북도	경주시	손곡동
780	470	경상북도	경주시	시동
780	460	경상북도	경주시	시래동
780	290	경상북도	경주시	신평동
780	800	경상북도	경주시	안강읍
780	330	경상북도	경주시	암곡동
780	840	경상북도	경주시	양남면
780	715	경상북도	경주시	양남면 월성원...
780	890	경상북도	경주시	양북면
780	820	경상북도	경주시	외동읍
780	140	경상북도	경주시	용강동
780	310	경상북도	경주시	율동
780	150	경상북도	경주시	인왕동
780	440	경상북도	경주시	조양동

1 /200

④ 상품 Table (product)

KBU-IT-SECURITY.d...a99 - dbo.product ×

열 이름	데이터 형식	Null 허용
num	float	☑
pcode	nvarchar(255)	☑
pname	nvarchar(255)	☑
price	float	☑
saleprice	float	☑
supplyprice	float	☑
pinfo1	nvarchar(255)	☑
pinfo2	nvarchar(MAX)	☑
pimg1	nvarchar(255)	☑
pimg2	nvarchar(255)	☑
pdate	datetime	☑
stock	float	☑

num	pcode	pname	price	saleprice	supplyprice	pinfo1	pinfo2	pimg1	pimg2	pdate	stock
3	bs000	오렌지 & 허니 ...	18000	15000	13000	부드러운 향의 ...	부드러운 꿀과. ...	F0101_34429_...	F0101_34429_...	2013-06-06 1...	83
4	sk000	티트리 오일&...	23000	19000	17000	트러블 피부용 ...	순한 거품이 각...	F0210_68492_...	F0210_68492_...	2013-06-06 1...	97
5	mk000	티트리 오일 커...	12000	10000	9000	트러블 피부용 ...	뾰루지등의 피...	F0320_76019_...	F0320_76019_...	2013-06-06 1...	98
6	hk000	진저 안티 댄드...	21000	19000	17000	건성모발/민감...	두피케어에 좋...	F0431_457_2.gif	F0431_457_1.jpg	2013-06-06 1...	49
7	bs001	아프리카 스파 ...	22000	19000	17000	건조한 피부를 ...	순한 거품으로 ...	F0101_70518_...	F0101_70518_...	2013-06-06 1...	150
8	sk001	비타민 E 투인...	17000	14900	12000	피부를 건강하...	가벼운 메이크...	F0210_29522_...	F0210_29522_...	2013-06-06 2...	60
9	sk002	알로에 베라 젠...	18000	15000	12000	건성/민감성 세...	각종 피부 더러...	F0210_35855_...	F0210_35855_...	2013-06-06 2...	150
10	hk001	씨위드 앤 피오...	25000	22000	20000	중성 모발용 컨...	천연 해조와 모...	F0432_23740_...	F0432_23740_...	2013-06-06 2...	198
11	hk002	햄프 헤어 & 스...	18000	15000	12000	극건성 모발/두...	햄프씨 오일이 ...	F0433_70472_...	F0433_70472_...	2013-06-06 2...	-521
12	hk003	고잉 스트레이...	15000	12900	10000	스타일 제품 - ...	인삼추출물과 ...	F0434_27922_...	F0434_27922_...	2013-06-06 2...	-951
13	hk004	팜샤인 삼푸 포...	12000	10000	8000	건성/손상/염색...	천연 팜오일이 ...	F0431_30416_...	F0431_30416_...	2013-06-06 2...	90
14	mk001	글로우 인핸서 ...	19000	16000	14000	메이크업 베이스	얼굴에 화사한 ...	F0321_36480_...	F0321_36480_...	2013-06-06 2...	-499920
15	mk002	루스 훼이스 파...	18000	16000	14000	가루형 파우더	조경량 감촉으...	F0322_63878_...	F0322_63878_...	2013-06-06 2...	80
16	bs002	파파야 배쓰 & ...	10000	8500	7000	달콤한 파파야 ...	코코넛 오일의 ...	F0101_76445_...	F0101_76445_...	2013-06-08 2...	30
NULL	NULL	NULL	NULL	NULL	NULL	NULL	NULL	NULL	NULL	NULL	NULL

⑤ 상품분류 Table (category)

KBU-IT-SECURITY.d...a99 - dbo.category*

열 이름	데이터 형식	Null 허용
code	nvarchar(255)	[x]
name	nvarchar(255)	[ ]
img	nvarchar(255)	[x]
		[ ]

code	name	img
bs	배쓰&샤워	bs_mu.gif
sk	스킨케어	sk_mu.gif
mk	메이크업	mk_mu.gif
hk	헤어케어	hk_mu.gif
NULL	*NULL*	*NULL*

⑥ 장바구니 Table (cart)

KBU-IT-SECURITY.db2014a99 - dbo.cart

열 이름	데이터 형식	Null 허용
num	float	[x]
uniqueID	float	[x]
pcode	nvarchar(255)	[x]
pname	nvarchar(255)	[x]
id	nvarchar(255)	[x]
ea	float	[x]
fin	nvarchar(255)	[x]
cdate	datetime	[x]
groupbuy	float	[x]

num	uniqueID	pcode	pname	id	ea	fin	cdate	groupbuy
1	406019803	hk000	진저 안티 댄드러프 샴푸	kim7729	1	1	2013-06-06...	0
2	406019803	sk000	티트리 오일&민트 포밍 데...	kim7729	1	1	2013-06-06...	0
3	406019809	mk000	티트리 오일 커버 스틱 01	hahaha	2	1	2013-06-06...	0
4	766227052	bs000	오렌지 & 허니 바디 워시	bada	1	1	2013-06-09...	0
5	766227052	bs000	오렌지 & 허니 바디 워시	bada	2	1	2013-06-09...	0
6	847313785	bs000	오렌지 & 허니 바디 워시	NULL	1	0	2013-06-09...	0
7	847313789	hk000	진저 안티 댄드러프 샴푸	NULL	1	0	2013-06-09...	0
13	847313792	bs000	오렌지 & 허니 바디 워시	ilov2mh	1	1	2013-06-09...	0
9	847313792	sk000	티트리 오일&민트 포밍 데...	ilov2mh	1	1	2013-06-09...	0
11	847313794	hk003	고잉 스트레이트 스트레이...	ccc	1	1	2013-06-09...	0
12	847313794	hk002	햄프 헤어 & 스칼프 트리...	ccc	1	1	2013-06-09...	0
33	847313796	bs000	오렌지 & 허니 바디 워시	NULL	1	0	2013-06-09...	0
15	847313801	hk000	진저 안티 댄드러프 샴푸	NULL	1	0	2013-06-09...	0
16	847313801	hk002	햄프 헤어 & 스칼프 트리...	NULL	1	0	2013-06-09...	0

⑦ 공동구매 Table (groupbuy)

KBU-IT-SECURITY.d...99 - dbo.groupbuy ×

열 이름	데이터 형식	Null 허용
num	float	☑
pcode	nvarchar(255)	☑
totea	float	☑
supplyprice	float	☑
saleprice	float	☑
salecnt	float	☑
gdate	datetime	☑
startday	datetime	☑
endday	datetime	☑

-SECURITY.d...99 - dbo.groupbuy × KBU-IT-SECURITY.d...a99 - dbo.category KBU-IT-SECURITY.d...a99 - dbo.product

num	pcode	totea	supplyprice	saleprice	salecnt	gdate	startday	endday
5	hk000	10	16000	18000	0	2013-06-06 ...	2004-06-06 0...	2013-07-07 0...
6	sk001	10	13000	14000	0	2013-06-09 ...	2004-06-08 0...	2013-07-08 0...
NULL	NULL	NULL	NULL	NULL	NULL	NULL	NULL	NULL

⑧ 공지사항 Table (news)

KBU-IT-SECURITY....014a99 - dbo.news

열 이름	데이터 형식	Null 허용
num	float	☑
title	nvarchar(255)	☑
[content]	nvarchar(255)	☑
nimg	nvarchar(255)	☑
nurl	nvarchar(255)	☑
refsite	nvarchar(255)	☑
writeday	datetime	☑
readnum	float	☑

num	title	content	nimg	nurl	refsite	writeday	readnum
6	새로운 제품 입하	새로운 제품이 많이 들...	ico_new	http://kim7729...	주호홈페이지	2013-06-06...	0
7	순수 바디숍 탄생	순수 바디숍이 탄생하...	*NULL*	http://kim7729...	주호홈페이지	2013-06-06...	0
NULL	*NULL*	*NULL*	*NULL*	*NULL*	*NULL*	*NULL*	*NULL*

3. 예제 쇼핑몰 관련 소스

1) default.asp

```
<%
session.codepage=949
response.charset = "ks_c_5601-1987"
%>

<% mode=request("mode")
if mode="5" then
session("id")=""
end if%>

<SCRIPT language="JavaScript">
<!--
function na_show_layer(lname, flag)
{
  var layer = (navigator.appName.indexOf('Netscape', 0) != -1) ?
document.layers[lname] : document.all[lname];
  if (lname == '')
    return;
  if (navigator.appName.indexOf('Netscape', 0) != -1)
    layer.visibility = (flag == 0) ? 'show' : 'hide';
  else
    layer.style.visibility = (flag == 0) ? 'visible' : 'hidden';
}

// -->
</SCRIPT>
</HEAD>
<script language="JavaScript" type="text/JavaScript">
<!--
function MM_swapImgRestore() { //v3.0
```

```
  var i,x,a=document.MM_sr; for(i=0;a&&i<a.length&&(x=a[i])&&x.oSrc;i++)
x.src=x.oSrc;
}

function MM_preloadImages() { //v3.0
  var d=document; if(d.images){ if(!d.MM_p) d.MM_p=new Array();
    var i,j=d.MM_p.length,a=MM_preloadImages.arguments; for(i=0; i<a.length; i++)
    if (a[i].indexOf("#")!=0){ d.MM_p[j]=new Image; d.MM_p[j++].src=a[i];}}
}

function MM_findObj(n, d) { //v4.01
  var p,i,x;  if(!d) d=document; if((p=n.indexOf("?"))>0&&parent.frames.length) {
    d=parent.frames[n.substring(p+1)].document; n=n.substring(0,p);}
  if(!(x=d[n])&&d.all) x=d.all[n]; for (i=0;!x&&i<d.forms.length;i++) x=d.forms[i][n];
  for(i=0;!x&&d.layers&&i<d.layers.length;i++) x=MM_findObj(n,d.layers[i].document);
  if(!x && d.getElementById) x=d.getElementById(n); return x;
}

function MM_swapImage() { //v3.0
  var i,j=0,x,a=MM_swapImage.arguments; document.MM_sr=new Array;
for(i=0;i<(a.length-2);i+=3)
   if ((x=MM_findObj(a[i]))!=null){document.MM_sr[j++]=x; if(!x.oSrc) x.oSrc=x.src;
x.src=a[i+2];}
}
//-->
</script>
<BODY bgColor=#ffffff leftMargin=0 topMargin=0 MARGINWIDTH="0"
MARGINHEIGHT="0"
onLoad="MM_preloadImages('../image/mu_01b.gif','../image/mu_02b.gif','../image/m
u_03b.gif','../image/mu_04b.gif','../image/mu_05b.gif')"><CENTER>
<TABLE cellSpacing=0 cellPadding=0 width="760" border=0>
<TBODY>
<TR>
<TD width="152" height="60">
```

```
<DIV align=center> <SPAN style="font-size:9pt;"><img src="image/title.gif"
width="242" height="36"></SPAN></DIV></TD>
<TD height="60" width="608">

<!--search start-->
<TABLE cellSpacing=0 cellPadding=0 width="601" border=0>
<TBODY>
<FORM id=form1 name=form1 action=../shop/search.asp method=post>
<TR>
<TD align=middle width="601" height="29">
<P>
                <%If session("id")="" Then%>
                <IMG src="image/top_menu2.gif" width="289" height="29"
border="0" usemap="#ImageMap1">
                <%Else%>
                <IMG src="image/top_menu2_out.gif" width="289" height="29"
border="0" usemap="#ImageMap1">
                <%End If%>
              </P>
</TD></TR>
<TR>
<TD width="601" height="31">
<P><B><SPAN
style="font-size:9pt;">         &
nbsp;           &nb
sp;            
<FONT color="#252525">   물품검색</FONT></SPAN></B>
<SPAN style="font-size:9pt;"> <IMG src="image/go.gif"  align="absmiddle"
width="16" height="16">
<SELECT name=keyfield style="font-size:9pt;">
<OPTION value=pname selected>상품명</OPTION>
<INPUT id=Text1 size=25 name=key style="font-style:normal; text-decoration:none;">
<INPUT id=image1 type=image  height=19 width=76  onfocus='this.blur()'
src="image/search.gif" align="absmiddle" border=0 name=image1></SPAN></TD>
```

```
</TR></TABLE> </TD> </TR></FORM></TBODY></TABLE>
<!--search end-->

<TABLE cellSpacing=0 cellPadding=0 width="760" border=0>
<TR>
   <TD height=25 width="760"> <p align="center"><a
href="shop/plist.asp?code=bs" onMouseOut="MM_swapImgRestore()"
onMouseOver="MM_swapImage('Image6','','image/mu_01b.gif',1)"><img
src="image/mu_01a.gif" alt="배쓰&amp;샤워" name="Image6" width="141"
height="24" border="0"></a>
        <a href="shop/plist.asp?code=sk" onMouseOut="MM_swapImgRestore()"
onMouseOver="MM_swapImage('Image7','','image/mu_02b.gif',1)"><img
src="image/mu_02a.gif" alt="스킨케어" name="Image7" width="141" height="24"
border="0"></a>
        <a href="shop/plist.asp?code=mk" onMouseOut="MM_swapImgRestore()"
onMouseOver="MM_swapImage('Image8','','image/mu_03b.gif',1)"><img
src="image/mu_03a.gif" alt="메이크업" name="Image8" width="141" height="24"
border="0"></a>
        <a href="shop/plist.asp?code=hk" onMouseOut="MM_swapImgRestore()"
onMouseOver="MM_swapImage('Image9','','image/mu_04b.gif',1)"><img
src="image/mu_04a.gif" alt="헤어케어" name="Image9" width="141" height="24"
border="0"></a>

      </p>
</TD></TR>
</TBODY></TABLE>

<!-- #include file=include/db.inc -->
<!--뉴스테이블에서 최근의 3가지 소식을 레코드셋하여 보여준다. -->
<TABLE width=70% border=0>
<TR>
<TD><FONT color=#333300><b>공 지 사 항</b></FONT>
<TR>
<TD>
```

```
<%
set nrs=server.CreateObject("adodb.recordset")

nsql="select top 3 num,title,writeday from news order by writeday desc"

nrs.open nsql,dbshop,1

if not nrs.EOF then%>
<TABLE border=0 cellpadding=2 cellspacing=1>
<%do until nrs.EOF
mm=month(nrs("writeday"))
dd=day(nrs("writeday"))
%>
<TR>
<TD><%=mm%> / <%=dd%> 소식
<TD><%=nrs("title")%>..
<TD> ==><A href=shop/news.asp?num=<%=nrs("num")%>> more </a>
<%
nrs.MoveNext
loop
end if
%>
</TABLE>
</TABLE>

<!--고객들이 담은 장바구니 테이블에서 많이 담긴 상품 3가지를 레코드셋하여
보여준다.   -->
<TABLE width=70% border=0>
<TR>
<TD><FONT color=#333300><b>히트 예감상품</b></FONT>
<TR>
<TD>
<%
set rs=server.CreateObject("adodb.recordset")
```

```
sql="select top 3 count(num),pcode from cart group by pcode"

rs.open sql,dbshop,1

if not rs.EOF then%>
<TABLE border=0 cellpadding=2 cellspacing=1>
<TR>
<%do until rs.EOF

sql2="select price,saleprice,pname,pIMG1,pcode from product where
pcode='"&rs("pcode")&"'"
set rs1=dbshop.execute(sql2)
%>
<TD>
<A href="shop/cart.asp?pcode=<%=rs1("pcode")%>">
<IMG src=shopimg/<%=rs1("pimg1")%> border=0></a>
 <br><li><%=rs1("pname")%>
 <li><FONT size=2 color=#483d8b>판매가 :<del><%=formatcurrency(rs1("price"))%>
</del>
 <%' 할인율 계산하기
  pc=rs1("price")-rs1("saleprice")
  down=round(pc/rs1("price")*100,1)
  %>
    ⇒<br>
  <li><FONT size=2 color=#483d8b>
  할인가 : <FONT
color=#cc0033><%=formatcurrency(rs1("saleprice"))%></FONT>[<%=down%>%할인]<
br><br>
<%
rs.MoveNext
loop
end if
%>
```

```
</TABLE>
</TABLE>

<!--최근에 입고된 상품 3가지를 레코드셋하여 보여준다.   -->
<TABLE width=70% border=0>
<TR>
<TD><FONT color=#333300><b>새로운 상품 입하</b></FONT>
<TR>
<TD>
<%
set rs2=server.CreateObject("adodb.recordset")

sql3="select top 3 price,saleprice,pname,pimg1,pcode from product order by pdate
desc"

rs2.open sql3,dbshop,1

if not rs2.EOF then%>
<TABLE border=0 cellpadding=2 cellspacing=1>
<TR>
<%do until rs2.EOF%>
<TD>
<A href="shop/cart.asp?pcode=<%=rs2("pcode")%>">
<IMG src=shopimg/<%=rs2("pimg1")%> border=0></a>
<br><li><%=rs2("pname")%>
 <li><FONT size=2 color=#483d8b>판매가 :<del><%=formatcurrency(rs2("price"))%>
</del>
 <%' 할인율 계산하기
  pc=rs2("price")-rs2("saleprice")
  down=round(pc/rs2("price")*100,1)
  %>
    ⇒<br>
  <li><FONT size=2 color=#483d8b>
  할인가 : <FONT
```

```
color=#cc0033><%=formatcurrency(rs2("saleprice"))%></FONT>[<%=down%>%할인]<
br><br>
<%
rs2.MoveNext
loop
end if
%>
</TABLE>
</TABLE>
<%
set nrs=nothing
set rs=nothing
set rs2=nothing
dbshop.close

%>
<TABLE  cellSpacing=0 cellPadding=0 width="760" border=0>
<TR>
<TD width="761" bgcolor="#C5C4C4" height="27">
<p align="center">
<span style="font-size:9pt;"><a class="line"><font color="#333333">DB실습용
ASP쇼핑몰</font></a>
<font color="#333333">  ㅣ  </font><a class="line2"><font
color="#333333">사업제휴 </font></a>
<font color="#333333">  ㅣ  </font><a class="line3">
<font color="#333333">문의 : 컴퓨터정보과</font></a>
<font color="#333333">  ㅣ  </font>
<a class="line4"><font color="#333333">주소 : 경복대학교</font></a>
<font color="#333333">   ㅣ  </font><a class="line5">
<font color="#333333">문의전화 : 010-1234-5678</font></a>
<font color="#333333">  ㅣ  </font><a class="line6">
</span></p>
</TD></TR>
<tr>
```

```
<TD width="761" bgcolor="#E3E3E3" height="23">
<p align="center"><span style="font-size:9pt;"><font face="Verdana">
CopyRight 2014. All rights reserved. </font>
<font face="Verdana" color="#0066CC"></font>
</TD>
</tr>
<TR>
<TD width="761" height="10">
<p><img src="image/space1.gif" width="8" height="1" border="0">
</p>
</TD></TR></TABLE>

<P>
</P>
<map name="ImageMap1">
<%if session("id")="" then%>
<AREA shape="rect" coords="29, 7, 72, 28" href="shop/shoplogin.asp?mode=3">
<%else%>
<AREA shape="rect" coords="29, 7, 72, 28" href="default.asp?mode=5">
<%end if%>
<AREA shape="rect" coords="82, 7, 138, 28" href="shop/cart_list.asp">
<AREA shape="rect" coords="151, 7, 205, 28" href="shop/mypage.asp">
<AREA shape="rect" coords="217, 7, 262, 28"
href="member/msglist.asp?table=board">
</map></BODY></HTML>
```

2) news.asp

```
<HTML>
<HEAD>
</HEAD>
<BODY>
<h4>News 보기 </h4>
<%
session.codepage=949
response.charset = "ks_c_5601-1987"
%>
<%
set dbshop=server.createobject("adodb.connection")
dbshop.open("dsn=eshop;uid=dbu2014a99;pwd=a99")
sql = "select * from news where num=" & request("num")
Set rs = dbshop.Execute(sql)

'--- 글의 본문 내용중에서 "Enter"에 의한 줄바꿈은 HTML 문서에서
'--- <br> 태그로 바뀌어야만 줄바꿈이 된 상태로 보여진다.
'--- body = Replace(rs("body"),chr(10),"<br>")
%>
<table width="700" border="0" cellspacing="1" cellpadding="1" bgcolor="#000000">
<tr>
  <td bgcolor="#F1F1ED"> 번호 </td>
  <td height="26" align="left" style="padding-left:10;" valign="middle"
bgcolor="#F1F1ED" class="text">
        <%=rs("num")%></td>
</tr>
<tr>
  <td bgcolor="#F1F1ED"> 제목 </td>
  <td height="26" align="left" style="padding-left:10;" valign="middle"
bgcolor="#F1F1ED" class="text">
        <%=rs("title")%></td>
</tr>
```

```
<tr>
  <td bgcolor="#F1F1ED"> 정보참조URL </td>
  <td height="26" align="left" style="padding-left:10;" valign="middle"
bgcolor="#F1F1ED" class="text">
        <a href="<%=rs("nurl")%>"><%=rs("nurl")%></a></td>
</tr>
<tr>
  <td bgcolor="#F1F1ED"> 참조사이트명 </td>
  <td height="26" align="left" style="padding-left:10;" valign="middle"
bgcolor="#F1F1ED" class="text">
        <%=rs("refsite")%></td>
</tr>
<tr>
  <td bgcolor="#F1F1ED"> 등록일 </td>
  <td height="26" align="left" style="padding-left:10;" valign="middle"
bgcolor="#F1F1ED" class="text">
        <%=rs("writeday")%></td>
</tr>
<tr>
  <td bgcolor="#F1F1ED"> 내용 </td>
  <td height="26" align="left" style="padding-left:10;" valign="middle"
bgcolor="#F1F1ED" class="text">
        <%=rs("content")%></td>
</tr>
</table>
</BODY>
</HTML>
```

3) shoplogin.asp

```
<!-- #include file=../include/db.inc -->
<!-- #include file=../include/menu.inc -->
<%mode=request("mode")%>

<P> </p>
<!---로그인 테이블--->
<table width="55%" border="1" height="170" cellspacing="0" cellpadding="0"
bordercolor="D1D2C0" align="center">
  <form method=post action=login.asp name=form1 id=form1>
    <input type=hidden name=mode value=<%=mode%>>
    <tr>
    <td height="153">
      <table width="100%" border="0" align="center" cellpadding="0"
cellspacing="0">
        <tr>
          <td rowspan="9" width="36%"><img src="../image/login_title_b.gif"
width="200" height="198" border="0"></td>
          <td rowspan="9" width="3%"> </td>
          <td width="23%"> </td>
          <td width="25%"> </td>
          <td width="13%"> </td>
        </tr>
        <tr>
          <td width="23%"> </td>
          <td width="25%"> </td>
          <td width="13%"> </td>
        </tr>
        <tr>
          <td width="23%"><font size="2"><b>User ID</b></font></td>
          <td width="25%"><font size="2">
            <input type=text  size=15 name="id">
            </font></td>
```

```
        <td width="13%"> </td>
      </tr>
      <tr>
        <td width="23%"><font size="2"><b>Password</b></font>  </td>
        <td width="25%">
          <input type=password  size=15  name="pwd">
        </td>
        <td width="13%"> </td>
      </tr>
      <tr>
        <td width="23%"><font size="2"></font></td>
        <td width="25%"> </td>
        <td width="13%"> </td>
      </tr>
      <tr>
        <td colspan="3">
          <div align="center"><font size="2"></font>
            <input type="image" value=login id=submit1 name=submit1222
src="../image/login.gif" border=0>
          </div>
        </td>
      </tr>
      <tr>
        <td width="23%">  </td>
        <td width="25%">  </td>
        <td width="13%">  </td>
      </tr>
      <tr>
        <td colspan="3" height="28"> <img src="../image/icon_off.gif" width="12"
height="10"><font size="2">비회원이신
          경우</font><a href=../member/Register.html> <font color="#980032"
size="2"><b>[회원가입]</b></font></a><font size="2">을
          하십시오.</font> </td>
      </tr>
```

```
        <tr>
            <td colspan="3" height="18"> <img src="../image/icon_off.gif" width="12"
height="10">
            <a href="../../lost_login.htm"><font size="2" color=#cc0033>ID/
비밀번호를 잊어버리셨나요?</font></a></td>
         </tr>

       </table>
     </td>
   </tr>
   </form>
</table>
<P>

<!-- #include file=../include/foot.inc -->
```

4) register.html

```
<html>
<%
session.codepage=949
response.charset = "ks_c_5601-1987"
%>

<head><LINK REL="StyleSheet" HREF="all.css" TYPE="text/css">
<SCRIPT language="VBScript">
'--- ID중복체크하는 부분
Sub IDCheck_onclick
        '---내용 기술
End Sub

Sub zipCheck_onclick
        '---내용 기술
End Sub

'--- 페에지가 로딩될 때 회원ID칸에 커서가 가도록 한다.
sub window_OnLoad
        document.frm.id.focus
end sub

'--- 주민등록번호를 입력할때 6자리를 입력하면 저절도 커서가
'--- 다음 칸으로 이동한다
sub jumin1_OnkeyUp
        if len(document.frm.ssn1.value) = 6 then
                document.frm.ssn2.focus
        end if
end sub

'=========전송버턴이 눌러졌을 때 동작하는 이벤트 핸들러 ==========
function frm_onSubmit
```

```
'--- 회원ID 항목을 입력했는지 체크한다.
      If document.frm.id.value = "" then
            '--- 확인 메세지를 띄워준다.
            alert "아이디를 입력하세요"
            '--- 회원ID칸에 커서가 깜박이도록 한다.
            document.frm.id.focus
            '--- 서버로 전송하지 않는다.
            frm_onSubmit = false
            '--- function을 종료한다.
            exit function
      end If

      '--- 패스워드를 입력 했는지 체크한다.
      If document.frm.passwd1.value = "" then
            alert "패스워드를 입력하세요."
            document.frm.passwd1.focus
            frm_onSubmit = false
            exit function
      end If
      '--- 비밀번호와 비밀번호 확인란에 입력된 값이 같은지 체크한다.
      If document.frm.passwd1.value <> document.frm.passwd2.value then
            alert "암호가 일치하지 않습니다."
            document.frm.passwd1.focus
            frm_onSubmit = false
            exit function
      end If

      '--- 이름항목을 입력했는지 체크한다.
      If document.frm.name.value = "" then
            alert "이름을 입력하세요."
            document.frm.name.focus
            frm_onSubmit = false
            exit function
      end If
```

```
        '--- 올바른 형태의 Email 주소를 입력했는지 체크한다.
        '--- 아무꺼나 안적거나, '@'이가 포함되지 않으면 if문을 수행한다.
        If (document.frm.email.value = "") or
(InSTR(document.frm.email.value,"@")=0) then
                alert "올바른 형태의 Email 주소를 입력하세요."
                document.frm.email.focus
                frm_onSubmit = false
                exit function
        end If

'============== 주민등록 체크 부분 ==============
'--- 사용자가 입력한 주민등록번호 구하기
ssn1 = document.frm.ssn1.value
ssn2 = document.frm.ssn2.value

'--- 각 자리수에 곱할 숫자를 배열로 만든다.
mul = array(2,3,4,5,6,7,8,9,2,3,4,5)

'--- 주민등록번호 자릿수 체크하기
if len(ssn1) <> 6 then
        alert "6자리 앞번호를 입력하세요."
        document.frm.ssn1.focus
        frm_onSubmit = false
        Exit Function

end if

'--- 위와 같은 방법으로 문자 길이를 체크하고, 6자리가 아니면 if문을 빠져 나간다.
if len(ssn2) <> 7 then
        alert "7자리 뒷번호를 입력하세요."
        document.frm.ssn2.focus
        frm_onSubmit = false
```

```
        Exit Function
End if

'--- 합을 계산할 변수를 초기화한다.
sum = 0
'--- 입력받은 주민등록번호를 하나의 문자열로 결합한다.

'--- 각 자리수에 해당하는 값을 곱해 총합을 구한다.

frm_omSubmint = true

End Function
</Script>

<SCRIPT language="VBScript">
Sub IDcheck_onClick
'--- 사용자가 입력한 회원 ID값을 ID라는 변수를 할당한다.
ID = document.frm.id.value
        '--- 새로운 window를 오픈한다.
                window.open
"member_IDcheck.asp?id="&ID,"CheckID","width=400,height=200,menubar=no,toolbar=
no"
End Sub
</SCRIPT>

<SCRIPT language="VBScript">
Sub zipCheck_onclick
        window.open
"Search_Address.asp","zipcode","width=400,,height=200,menubar=no,toolbar=no,scrollb
ar=yes"
End Sub
</SCRIPT>
</head>
<body background="img/bg.gif">
```

```
<Form Method="POST" action="memberAdd.asp" name="frm">
<div align="center">
<center>
      <table border="0" width="500" height="400">
        <tr>
          <td colspan="2"> <tr>
          <td width="30%" bgcolor="#C5D9FA"><font size="2">회원
ID</font></td>
          <td width="70%"><input name="id" type="text" id="id" size="12">
  
            <img src="idcheck.gif" name="IDCheck" border="0"></td>
        </tr>
        <tr>
          <td width="30%" bgcolor="#E1ECFD"><font
size="2">비밀번호</font></td>
          <td width="70%"><input name="passwd1" type="password" id="passwd1"
size="12"></td>
        </tr>
        <tr>
          <td width="30%" bgcolor="#C5D9FA"><font size="2">비밀번호
확인</font></td>
          <td width="70%"><input type="password" name="passwd2"
size="12"></td>
        </tr>
        <tr>
          <td width="30%" bgcolor="#E1ECFD"><font size="2">이름</font></td>
          <td width="70%"><input type="text" name="name" size="12"></td>
        </tr>
        <tr>
          <td width="30%" bgcolor="#E1ECFD"><font
size="2">주민등록번호</font></td>
          <td width="70%"><input name="ssn1" type="text" id="ssn1" size="6">
            -
            <input name="ssn2" type="text" id="ssn2" size="7">  </td>
```

```
        </tr>
        <tr>
          <td bgcolor="#E1ECFD"><font size="2">전화번호</font></td>
          <td width="70%"><input name="hp" type="text" id="hp" size="12"></td>
        </tr>
        <tr>
          <td width="30%" bgcolor="#E1ECFD"><font size="2">E-mail</font></td>
          <td width="70%"><input type="text" name="email" size="21"></td>
        </tr>
        <tr>
          <td width="30%" bgcolor="#C5D9FA"><font size="2">직업</font></td>
          <td width="70%"><select name="part" size="1" id="part">
              <option selected value="0">직업을 선택해 주세요...</option>
              <option value="1">공무원</option>
              <option value="2">회사원</option>
              <option value="3">학생</option>
              <option value="4">자영업</option>
              <option value="5">기타</option>
            </select></td>
        </tr>
        <tr>
          <td width="30%" bgcolor="#C5D9FA"><font
size="2">우편번호</font></td>
          <td width="70%"><input type="text" name="zip1" size="3">
            -
            <input type="text" name="zip2" size="3"> <img src="zip_code.gif"
border="0" name="zipCheck">
          </td>
        </tr>
        <tr>
          <td width="30%" bgcolor="#C5D9FA"><font size="2">주소</font></td>
          <td width="70%"><input type="text" name="address" size="30"></td>
        </tr>
        <tr>
```

```
            <td width="30%" bgcolor="#E1ECFD"><font size="2">뉴스레터수신
여부</font></td>
            <td width="70%"><font size="2">
              <input name="Y" type="radio" value="Y" checked>
              수신
              <input type="radio" name="N" value="N">
              거부</font></td>
          </tr>
        </table>
</center>
</div>
<p align="center">
          <input type="submit" value="가입" name="B1">
          <input type="reset" value="취소" name="B2">
</p>
</form>
</body>
</html>
```

5) memberAdd.asp

```
<%
'--- 사용자가 입력한 값들을 넘겨받는다.
id = Request("id")
pwd = Request("passwd1")
name = Request("name")
ssn1 = Request("ssn1")
ssn2 = Request("ssn2")
hp = Request("hp")
email = Request("email")
part = Request("part")
zip = Request("zip1") & Request("zip2")
address = Request("address")
cinfo = Request("cinfo")

'--- DB에 연결한다.
set dbshop=server.createobject("adodb.connection")
dbshop.open("dsn=eshop;uid=dbu2014a99;pwd=a99")

'--- Intert SQL문을 작성한다.

sql = "insert member (id,pwd,name,ssn1,ssn2,hp,email,part,zip,address,cinfo) values
('"
        sql = sql & id & "','"
        sql = sql & pwd & "','"
        sql = sql & name & "','"
        sql = sql & ssn1 & "','"
        sql = sql & ssn2 & "','"
        sql = sql & hp & "','"
        sql = sql & email & "','"
        sql = sql & part & "','"
        sql = sql & zip & "','"
        sql = sql & address & "','"
        sql = sql & cinfo & "')"
```

```
        dbshop.Execute(sql)

'--- 로그인 페이지로 돌아간다.
Response.Redirect "../shop/shoplogin.asp?mode=3"
%>
```

6) login.asp

```
<html>
<head><LINK REL="StyleSheet" HREF="all.css" TYPE="text/css">
<title>로그인</title>
<body background="img/bg.gif">
<%
        Session.Abandon
%>
<center>
<h3> 사용자 ID와 비밀번호를 입력하세요</h3>
<SCRIPT language="vbscript">
        Sub window_onLoad
                document.frm.userid.focus
        End Sub

        Function frm_onSubmit
        If document.frm.userid.value = "" Then
                alert "user ID를 입력하세요."
                document.frm.userid.focus
                frm_onSubmit = false
        End If
        End Function
</SCRIPT>
</head>
<body>
<FORM method="POST" action="CheckUser.asp" name="frm">
<table border="0" width="100%">
<tr>
        <td width="30%" align="right">회원 ID</td>
        <td width="70%">
                <input type="text" name="userid" size="12" tabindex="1">
                <input type="submit" value="Login" name="B1" tabindex="3">
                </td>
```

```
</tr>
<tr>
        <td width="30%" align="right">비밀번호</td>
        <td width="70%">
                <input type="password" name="passwd" size="12" tabindex="2">
                </td>
</tr>
</table>
</form>
</center>
</body>
</html>
```

7) plist.asp

```
<!-- #include file=../include/db.inc -->
<!-- #include file=../include/menu.inc -->

<body topmargin=0 leftmargin=0>

<DIV id=overDiv style="POSITION: absolute"></DIV>
<SCRIPT language=JavaScript  >

if (typeof width == 'undefined') { var width = "100";}
if (typeof border == 'undefined') { var border = "1";}
if (typeof offsetx == 'undefined') { var offsetx = 70;}
if (typeof offsety == 'undefined') { var offsety = 0;}

ns4 = (document.layers)? true:false
ie4 = (document.all)? true:false
var x = 0;
var y = 0;
var snow = 0;
var sw = 0;
var cnt = 0;
var dir = 1;
var tr = 1;

if ( (ns4) || (ie4) ) {
        if (ns4) over = document.overDiv
        if (ie4) over = overDiv.style
        document.onmousemove = mouseMove
        if (ns4) document.captureEvents(Event.MOUSEMOVE)
}


///////////////////////////////////////////////////////
```

```
function dcc(text, title ,width) {
        dtc(2,text,title,width);
}
///////////////////////////////////////////////////////



///////////////////////////////////////////////////////
function nd() {
        if ( cnt >= 1 ) { sw = 0 };
        if ( (ns4) || (ie4) ) {
                if ( sw == 0 ) {
                        snow = 0;
                        hideObject(over);
                } else {
                        cnt++;
                }
        }
}
///////////////////////////////////////////////////////



///////////////////////////////////////////////////////
function dtc(d,text, title,width) {
        txt = "<table border=0 bgcolor='#f6f2e6' cellpadding=0 cellspacing=0
style='border:2px #888888 solid'><tr ><td
style='padding-top:4px;padding-left:4px;padding-right:4px;padding-bottom:0px'><span
style='color:black;font-size:12px' >"+text+"</td></tr></table>";
        layerWrite(txt);
        dir = d;
        disp();
}
///////////////////////////////////////////////////////
```

```
///////////////////////////////////////////////////////////
function disp() {
        if ( (ns4) || (ie4) ) {
                if (snow == 0)  {
                        if (dir == 2) { // Center
                                moveTo(over,x+offsetx-(width/2),y+offsety);
                        }
                        if (dir == 1) { // Right
                                moveTo(over,x+offsetx,y+offsety);
                        }
                        if (dir == 0) { // Left
                                moveTo(over,x-offsetx-width,y+offsety);
                        }
                        showObject(over);
                        snow = 1;
                }
        }
}
//////////////////////////////////////////////////////////////


//////////////////////////////////////////////////////////////
function mouseMove(e) {
        if (ns4) {x=e.pageX; y=e.pageY}
        if (ie4) {x=event.x; y=event.y}
        if (snow) {
                if (dir == 2) { // Center
                        moveTo(over,x+offsetx-(width/2),y+offsety);
                }
                if (dir == 1) { // Right
                        moveTo(over,x+offsetx,y+offsety);
                }
```

```
                if (dir == 0) { // Left
                        moveTo(over,x-offsetx-width,y+offsety);
                }
        }
}
////////////////////////////////////////////////////////////



////////////////////////////////////////////////////////////
function layerWrite(txt) {
        if (ns4) {
                var lyr = document.overDiv.document
                lyr.write(txt)
                lyr.close()
        }
        else if (ie4) document.all["overDiv"].innerHTML = txt
                if (tr) { trk(); }
}
////////////////////////////////////////////////////////////



////////////////////////////////////////////////////////////
function showObject(obj) {
        if (ns4) obj.visibility = "show"
        else if (ie4) obj.visibility = "visible"
}
////////////////////////////////////////////////////////////
/
```

```
/////////////////////////////////////////////////////////////////////
///
function hideObject(obj) {
        if (ns4) obj.visibility = "hide"
        else if (ie4) obj.visibility = "hidden"
}
/////////////////////////////////////////////////////////////////////
///


////////////////////////////////////////////////////////
function moveTo(obj,xL,yL) {
        obj.left = xL
        obj.top = yL
}
///////////////////////////////////////////////////


/////////////////////////////////////////////
function trk() {
        tr = 0;
}
///////////////////////////////////////////


</SCRIPT>

<%
code=request("code")%>

<%sql="select img from category where code='"&code&"'"
set rs=dbshop.execute(sql)
```

```
if request("page")="" then
page=1
else
page=request("page")
end if

set prs=server.CreateObject("adodb.recordset")
psql="select pcode, pimg1,pname,price,saleprice,pinfo1 from product where pcode
like '"&code&"%'"
prs.PageSize=8
prs.Open psql,dbshop,1
if prs.EOF then
else
%>
<% total=prs.PageCount
   prs.AbsolutePage=page
 %>

<center>
<table  border="0" align="center">
  <tr>
     <td><img src="../image/<%=rs(0)%>">
     </table>
        <table width="65%" border="0" align="center" height="55%">
          <tr>
          <%
            i=1
            do until prs.eof or i > prs.PageSize
            j=1
            do until prs.EOF or j >4

            info=prs("pinfo1")
           %>
            <td align=center>
```

```
            <a href="cart.asp?pcode=<%=prs("pcode")%>&code=<%=code%>"
onmouseover="dcc('<%=info%>'); return true;" onmouseout="nd(); return
true;"><img src=../shopimg/<%=prs("pimg1")%> border=0></a>
            <br><li><%=prs("pname")%>
            <li><font size=2 color=#483d8b>???
:<del><%=formatcurrency(prs("price"))%> </del>
           <%' ??? ????
  pc=prs("price")-prs("saleprice")
  down=round(pc/prs("price")*100,1)
  %>
    ?<br>
  <li><font size=2 color=#483d8b>
  ??? : <font
color=#cc0033><%=formatcurrency(prs("saleprice"))%></font>[<%=down%>%??]<br><
br>
             <%
              i=i+1
              j=j+1
              prs.movenext
              loop%>
             <tr>
             <%loop%>
          </tr>
           </table>
<table align=center>
  <tr>
     <td align=center>
     <img src=../image/preArrow.gif border=0>
         <% for i=1 to total %>
      <% if i<>cint(page) then %>
      <a href="plist.asp?page=<%=i%>&code=<%=code%>"><font size=2 face="Arial"
color=#483d8b><%=i%></font></a>
      <% else %>
      <font size=2 color=#cc0033><b><%=i%></b></font>
```

```
    <% end if %>
    <% next %>
    <img src=../image/backArrow.gif border=0>
    </td>
    </tr>
</table>
<%end if%>
<br>
<!-- #include file="../include/foot.inc"-->
```

8) cart.asp

```
<!-- #include file=../include/db.inc -->
<!-- #include file=../include/menu.inc -->
<script language="JavaScript">
function copen(code){
win=window.open("friend.asp?pcode="+code,"c","toolbar=no,menubar=no,scrollbars=ye
s,resizable=yes,width=500 height=400 top=50 left=300",true)
win.focus()
}

function uopen(code){
win4=window.open("board/list.asp?pcode="+code+"&table=usedtab","e","toolbar=no,m
enubar=no,scrollbars=yes,resizable=yes,width=500 height=500 top=50 left=300",true)
win4.focus()
}
</script>
<!--
-->
<%
pcode=request("pcode")
psql="select * from product where pcode='"&pcode&"'"
set prs=dbshop.execute(psql)
%>
<form method=post action=cart_insert.asp name=form1>
<input type=hidden name=pcode value=<%=prs("pcode")%>>
<table align=center border=0 cellpadding=2 cellspacing=1>
<tr>
<td><img src=../shopimg/<%=prs("pimg2")%>>
<td>
<li><font size=2 color=#483d8b>제 품 명 : <%=prs("pname")%><br>
<li><font size=2 color=#483d8b>판매가 :<del><%=formatcurrency(prs("price"))%>
</del>
<%
```

```
' 할인율 계산하기
pc=prs("price")-prs("saleprice")
down=round(pc/prs("price")*100,1)
%>
  ⇒<br>
<li><font size=2 color=#483d8b>
할인가 : <font
color=#cc0033><%=formatcurrency(prs("saleprice"))%></font>[<%=down%>%할인]<br
><br>
</table>
<table border=0 align=center>
<tr>
<td><font size=2 color=#483d8b>수 량:
<input type=text name=ea size=10 value=1>ea  
<input type=image value="장바구니 넣기" id=submit2 name=submit2
src=../shopimg/shopbag.gif > 
</form>
<%
code=prs("pcode")
%>
<!--상품추천메일 보내기 프로그램을 새창을 보여주기위해 상품정보를 전달해준다 -->
<input type=image  src=../shopimg/friend.gif border=0
onclick="copen('<%=code%>')">  
<!--상품사용후기 프로그램을 새창을 보여주기 위해 상품정보를 전달해준다 -->
<input type=image  src=../shopimg/used.gif border=0
onclick="uopen('<%=code%>')">
</table>
<table align=center border=0 width=70%>
<tr>
<font size=2><b>제품설명</b>
</table>
<table align=center border=0 width=70% cellspacing=2>
<tr>
<td bgcolor=orange >
```

```
<table width=100% bgcolor=#dedbd6>
<tr>
<td>
<%
' 제품 상세설명 입력시 Enter 값을 <br> 태그로 변환시킨다
info=replace(prs("pinfo2"),chr(13)&chr(10),"<br>")
%>
<font size=2><%=info%>
</td>
</tr>
</table>
</td>
</table><br>
<!-- #include file="../include/foot.inc"-->
```

9) cart_insert.asp

```
<!-- #include file=../include/db.inc -->
<%
'공동구매인 경우 구분하기 위한 값이다
'공동구매인 경우 이 값이 1로 request된다

gmode=request("gmode")
pcode=request("pcode")

' 장바구니 리스트 프로그램에서 쇼핑계속하기를 눌렀을 때 현재 상품이 소속된
상품분류리스트로 가기위해 값을 전달해 준다.
code=left(pcode,2)
ea=request("ea")

sql="select * from product where pcode='"&pcode&"'"
set rs=dbshop.execute(sql)
pname=rs("pname")
%>
<%
if gmode="1" then
' 공동구매인 경우에는 기존가격보다 파격적인 가격으로 특정기간동안 실시하는
것임으로
' 판매가격을 groupbuy에 저장한다.

hpc=request("hpc")

isql="insert into cart(uniqueID,pcode,pname,ea,cdate,fin,groupbuy) values("
isql=isql&session.SessionID&",'"&pcode&"','"&pname&"',"&ea&",getdate(),'0',"&hpc&")"
dbshop.execute(isql)

Response.Redirect "cart_list.asp"

else
```

```
'공동구매가 아닌 경우
isql="insert into cart(uniqueID,pcode,pname,ea,cdate,fin,groupbuy) values("
isql=isql&session.SessionID&",'"&pcode&"','"&pname&"',"&ea&",getdate(),'0',0)"

dbshop.execute(isql)

Response.Redirect "cart_list.asp?code="&code
end if
%>
```

10) order.asp

```
<%Response.Expires=-1
  Response.Buffer=0
  Response.AddHeader "progma","no-cache"
  Response.CacheControl="no-cache"
%>
<%
'로그인을 한 다음 order.asp로 돌아 오기 위해 mode값을 정했다.
if session("id")="" then
 Response.Redirect "shoplogin.asp?mode=2"
end if
%>
<html>
<head>
<title>MusicNetwork ::::주문서작성::::</title>
  <script language="javascript">
<!--
function zipcheck(){
var
win=window.open("../../user/address.asp","","toolbar=no,menubar=no,scrollbars=yes,re
sizable=yes,width=500,height=300");
}

function sendit()//우편수령,신용카드결제
{
      var str;

      if(document.form1.name.value=="") {
      alert("이름을 입력해 주십시오!");
      document.form1.name.focus();
      return true;
      }
      if(document.form1.zip.value=="") {
```

```
alert("우편번호를 입력해 주십시오!");
return false;
}
if(document.form1.address.value=="") {
alert("주소를 입력해 주십시오!");
return false;
}
if(document.form1.tel.value=="") {
alert("연락처를 입력해 주십시오!");
document.form1.tel.focus();
return true;
}
  var ssn1=document.form1.ssn1.value;
var ssn2=document.form1.ssn2.value;

if((ssn1.length!=6) || (ssn2.length!=7))
{
   alert("주민등록번호가 제대로기입되지 않았습니다!");
   document.form1.ssn1.focus();
   return true;

}
if(document.form1.email.value==""){
alert("Email 을 입력해 주십시요!");
document.form1.email.focus();
return true;
}

if(document.form1.payman.value=="") {
alert("입금자 성명을 입력해 주세요!");
document.form1.payman.focus();
return true;
}
```

```
        document.form1.submit();
}

function CheckMethodSelect(frm,v) <!--결재방법 결정 라디오버튼 선택시 화면 변경
Script Function-->
{

        if(v.id=='cardRe')<!--카드결재면..-->
         {

                card_layer.style.display = "";
                card_layer.style.visibility = "visible";

                bank_layer.style.display = "none";
                bank_layer.style.visibility = "hidden";
         }
         else if(v.id=='bankRe')<!--무통장이면..-->
         {


                card_layer.style.display = "none";
                card_layer.style.visibility = "hidden";

                bank_layer.style.display = "";
                bank_layer.style.visibility = "visible";
         }
}
   function onlyNumber()
{
        if((event.keyCode<48)||(event.keyCode>57))
        event.returnValue=false;
}
 -->
</script>
```

```
<style type="text/css">
                TD{font-size:9pt; line-height:150%}
                A {color:navy; text-decoration: font-size:14pt}
                .txt{font-size:9pt; border:1 solid black}
        </style>
</head>
<!-- #include file=../include/db.inc -->
<!-- #include file=../include/menu.inc -->

<center>
<br>
<table cellspacing=0 cellpadding=0 width=651 border=0>
          <tbody>
          <tr>

          <td valign=bottom><img src="../image/order_list.gif" width="600"
height="100" border="0"></td>
            <td align=right> </td>
          </tr>
          <tr>
            <td valign=bottom colspan=2><img
            src="../image/bagline.gif" width="651" height="1"></td>
          </tr>
          </tbody>
        </table>
    <table cellspacing=0 cellpadding=0 width=651 border=0>
          <tbody>
          <tr>
          <td bgcolor=white colspan=2 height=25><img
src="../image/order_img-3.gif" width="651" height="40" border="0"></td>
          </tr>
          </tbody>
        </table>
<%
```

```
asql="select * from cart where uniqueID='"&session.SessionID&"'"
set ars=dbshop.execute(asql)

pcode=ars("pcode")
%>
<table width=651 border="0" cellspacing="1" cellpadding="0" bgcolor="#CDCDCD">

        <tr>
          <td width="43%" bgcolor="#eaeacf" style="PADDING-BOTTOM:
5px; PADDING-TOP: 5px" >
            <div align="center"><b><font size="2">상품명</font></b></div>
          </td>
          <td width="20%" bgcolor="#eaeacf" style="PADDING-BOTTOM:
5px; PADDING-TOP: 5px" >
            <div align="center"><b><font size="2">가격</font></b></div>
          </td>
          <td width="14%" bgcolor="#eaeacf" style="PADDING-BOTTOM:
5px; PADDING-TOP: 5px" >
            <div align="center"><b><font size="2">수량</font></b></div>
          </td>
          <td width="16%" bgcolor="#eaeacf" style="PADDING-BOTTOM:
5px; PADDING-TOP: 5px" >
            <div align="center"><b><font size="2">꺼내기</font></b></div>
          </td>
        </tr>
<%
i=0
summ=0
do until ars.eof

psql="select * from product where pcode='"&ars("pcode")&"'"
set prs=dbshop.execute(psql)
if ars("groupbuy")=0 then
```

```
keum=ars("groupbuy")
end if%>

<%
keum=prs("saleprice")
summ=summ+(keum*ars("ea"))
'운송료
postmoney=2500
totalmoney=summ+postmoney
%>
<tr bgcolor=white align=center height=30>
<td><font size=2 color=#483d8b><%=prs("pname")%>
<td><font size=2 color=#483d8b><%=formatcurrency(keum)%>
<td><font size=2 color=#483d8b><%=ars("ea")%>
<td><a href="cart_del.asp?num=<%=ars("num")%>"><font size=2
color=#cc0033>삭제</a>
<%
i=i+1
ars.movenext
loop
%>
</table>
        <table width=651>
<% '합계금액이 50000원 이상이면 운송료을 받지 않는다.
         if summ => 50000 then %>
         <tr>
           <td style="PADDING-BOTTOM: 5px; PADDING-TOP: 5px"  colspan=3
     height=32 bgcolor="#eaeacf"><b><font size="2">
     고객님의 주문건수는 <%=i%>  건 총합계금액<font
color=#cc0033><%=formatcurrency(summ)%></font>
      원입니다.</font></b></td>
         </tr>

<% '50000 원 미만인 경우는 운송료 2500을 결재금액에 포함시킨다.
```

```
        else   %>
        <tr>
          <td style="PADDING-BOTTOM: 5px; PADDING-TOP: 5px"  colspan=3
    height=32 bgcolor="#eaeacf"><b><font size="2">
    고객님의 주문건수는 <%=i%>  건 총합계금액<font
color=#cc0033><%=formatcurrency(totalmoney)%>
    (택배요금 2500원 포함)</font>
     원입니다.</font></b></td>
        </tr>
      <% end if %>

        </table><br>
   <table width=651 cellpadding="2" cellspacing="1" border="0" bgcolor="#000033">
   <tr>
      <th bgcolor='#ECF1FB' align=center><font size=2
color=#483D8B>결재방법선택을 선택하세요</font></td>
  <tr align=center>
     <td bgcolor='#FFFFFF'> 
    <input ID="cardRe" style="border=&quot;0&quot;" type="radio" Name="cash"
VALUE=0 onclick="CheckMethodSelect(this.form,this)" >
          카 드 결 재
    <input ID="bankRe" style="border=&quot;0&quot;" type="radio" Name="cash"
VALUE=1 onclick="CheckMethodSelect(this.form,this)" >
          무통장 입금</td></tr>

 </table><br><br>

<%    memsql="select * from member where id='"&session("id")&"'"
    set rs2=dbshop.execute(memsql)
    %>

  <!--무통장 화면 설정 -->

   <DIV ID="bank_layer" style="visibility:hidden;display:none;">
```

```
<form method=post action=order_insert.asp name=form1>
  <input type=hidden name=topay value="1">
    <% if summ < 50000 then %>
  <input type=hidden name=totalmoney value="<%=totalmoney%>">
 <% else if summ => 50000 then %>
  <input type=hidden name=totalmoney value="<%=summ%>">
 <% end if %>
 <% end if %>

<table width=550 cellpadding="2" cellspacing="1" border="0" bgcolor="#000033">
 <tr><td bgcolor='#ECF1FB' align=center><font size=2 color=#483D8B>주문자
이름</font>
     <td bgcolor='#FFFFFF'><input type=text size=10 maxlength=20 name=name
value="<%=trim(rs2("name"))%>">
 <tr><td bgcolor='#ECF1FB' align=center><font size=2
color=#483D8B>우편번호</font>
     <td bgcolor='#FFFFFF'>
     <input type=button value="우편번호검색" onclick="zipcheck()" id=button2
name=button2>
     <input type="text" size="8" name="zip" value="<%=trim(rs2("zip"))%>">
 <tr><td bgcolor='#ECF1FB' align=center><font size=2 color=#483D8B>주소</font>
     <td bgcolor='#FFFFFF'><input type=text size=50 maxlength=100
name=address value="<%=trim(rs2("address"))%>">
  <tr><td bgcolor='#ECF1FB' align=center><font size=2
color=#483D8B>긴급연락처</font>
      <td bgcolor='#FFFFFF'><input type=text size=15 maxlength=20 name=tel
value=<%=rs2("hp")%>>
  <TR>
      <TD bgcolor='#ECF1FB' align=center><font size=2
color=#483D8B>주민등록번호</font>
      <td bgcolor='#FFFFFF'>
      <input type=password size=8 maxlength=6 name=ssn1
value="<%=trim(rs2("ssn1"))%>" onkeypress="onlyNumber();"> -
      <input type=text size=8 maxlength=7 name=ssn2
```

```
value="<%=trim(rs2("ssn2"))%>" onkeypress="onlyNumber();">
    <Tr>
        <TD bgcolor='#ECF1FB' align=center><font size=2
color=#483D8B>E-mail</font>
        <td bgcolor='#FFFFFF'>
        <input type=text size=20 maxlength=30 name=email
value="<%=trim(rs2("email"))%>">
    <Tr>
      <TD bgcolor='#ECF1FB' align=center><font size=2
color=#483D8B>입금자</font>
      <td bgcolor='#FFFFFF'>
      <input type=text size=10 maxlength=20 name=payman> <font size=2
color=cc0033> 무통장입금시 입금자명</font>
   <TR>
      <TD bgcolor='#ECF1FB' align=center><font size=2
color=#483D8B>메모사항</font>
      <td bgcolor='#FFFFFF'><textarea rows=5 cols=50 name=etc></textarea><br>
         <font size=2 color=#483D8B>* 특별히 요구하실 사항이 있으신분은 간략하게
메모 해주세요.</font>
    </table><br>
    <table width=550>
          <tr>
            <td><font size=2 color=#483D8B>
            <font color="#FF9900">▶</font>
            온라인 입금은 반드시 예약신청서의  입금자 이름과
             동일한 명의로 입금하세요!<br>
            <font color="#FF9900">▶</font>
             무통장 입금은 뮤직네트워크가 지정한 아래의 계좌로만 입금 하셔야
합니다.
            </td>
         </tr>
         </table>
        <table width=550 cellpadding="2" cellspacing="1" border="0"
bgcolor="#000033">
```

```
          <tr>
            <td bgcolor='#ECF1FB' align=center>
                  <font size=2 color=#483D8B>입 금 은 행 </font>
           </td>
           <td bgcolor='#ECF1FB' align=center>   
                   주 호 사 랑 은 행
           </td>
          </tr>
          <tr>
          <td bgcolor='#ECF1FB' align=center>
          <font size=2 color=#483D8B>예 금 주</font></td>
          <td bgcolor="#FFFFFF" width="83%" height='20'>   
                   윤주호 1584-54871-5481-100
                 </td>
        </tr>
      </table><br><br>
        <input type=submit value=작성완료 id=submit1 name=submit1
onClick="sendit()">
    </form>
 </DIV>


 <!-- 카드화면 설정 -->

      <DIV ID="card_layer" style="visibility:hidden;display:none;">

       </DIV>
<p>
<!-- #include file=../include/foot.inc -->
```

11) order_insert.asp

```
<!-- #include file=../include/db.inc -->


<%' 주문을 완료하였으므로 cart 테이블에 주문이 완료 되었다는 표시를 fin필드에
1로 셋팅한다.
 ' 즉 장바구니에 넣고 주문하지 않은 경우와 구별하기 위해서다.

   upsql="update cart set fin='1',id='"&session("id")&"' where
UniqueID='"&session.SessionID&"'"

   dbshop.execute(upsql)

   sql2="select groupbuy,ea,pcode from cart where
UniqueID='"&session.SessionID&"'"
   set rs2=dbshop.execute(sql2)

   do until rs2.eof

   if rs2(0)=0 then
   'groupbuy 필드가 0이면 공동구매가 아니므로 기존 상품의 재고수량에서
현재수량만큼 감소시키다.
   upsql2="update product set stock=stock-"&rs2("ea")&" where
pcode='"&rs2("pcode")&"'"
   else
   '공동구매인 경우를 의미하며 공동구매 테이블의 현재수량 판매 수량을 더한다.
   upsql2="update groupbuy set salecnt=salecnt+"&rs2("ea")&" where
pcode='"&rs2("pcode")&"' and endday >= getdate()"
   end if
   dbshop.execute(upsql2)

   rs2.movenext
   loop
```

```
    %>
<%
   name=request("name")
   zip =request("zip")
   address=request("address")
   email=request("email")
   payman=request("payman")
   tel=request("tel")
   ssn1=request("ssn1")
   ssn2=trim(request("ssn2"))
   accept=request("accept")
   etc=request("etc")
   topay=request("topay")
   totalmoney=request("totalmoney")

   sql= "insert into customer (id,uniqueID,ssn1,ssn2,email,name,payman,zip,address,"
   sql= sql & " tel,orderday,totalmoney,etc,topay,step) VALUES "
   sql= sql & "('"&session("id")&"'"
   sql= sql & ", "&session.SessionID
   sql= sql & ",'"&ssn1&"'"
   sql= sql & ",'"&ssn2&"'"
   sql= sql & ",'"&email&"'"
   sql= sql & ",'"&name&"'"
   sql= sql & ",'"&payman&"'"
   sql= sql & ",'"&zip&"'"
   sql= sql & ",'"&address&"'"
   sql= sql & ",'"&tel&"'"
   sql= sql & ",getdate(),"&totalmoney
   sql= sql & ",'"&etc&"'"
   sql= sql & ",'"&topay&"','1')"

   dbshop.execute(sql)
```

```
  %>
<html>
<head><title>주문완료</title>
</head>
<!-- #include file=../include/menu.inc -->

<body topmargin=0 leftmargin=0 rightmargin=0>
<center>
<p><br>
<font color="#000066">
<table border=0  bordercolor="black" cellspacing="0" cellpadding="0" width="50%">
  <tr>
        <td valign="top" height="30">
        <font size="3" color="#483d8b"><b><%=session("id")%>님 주문이 완료
되었습니다.</b><br>

        </td>
  </tr>
  <tr>
        <td valign="center" align="left"><font size="2" color="#000066"><br><br>
                              <br><br>
                                   <li>배송은 입금확인일로 부터 3일안에 처리가 될
예정입니다.<br><br>
                                   <li>입금은 주문을 하신 날로 부터 3일안에 하셔야
합니다.<br>
                                   <li>3일안에 입금확인이 되지 않으면, 주문은 자동
취소 되오니<br>
                                           이점 유의
바랍니다.</font>
        </td>
  </tr>
  <tr>
        <td align="center"><br>
```

```
                <a href = "../default.asp">Home으로가기 </a>
  </tr>
</table>
<p>

<!-- #include file=../include/foot.inc -->

<%' 새로운 주문을 받기 위해서 Session.SessionID값을 지우고 다시 값을
셋팅하게한다.
    session.Abandon
  %>
</center>
</body>
</html>
```

12) mypage.asp

```
<%  if session("id")="" then
     Response.Redirect "shoplogin.asp?mode=1"
end if
  %>
<!-- #include file=../include/db.inc -->
<!-- #include file=../include/menu.inc -->

<table width="700" border="0" align="center" cellspacing="0" cellpadding="6"
bgcolor="#CDCDCD">
     <tr>
    <td bgcolor="#FFFFFF" align=center>

     <b><font size="2" color=#000086>

 <%msql="select name from member where id='"&session("id")&"'"
  set mrs=dbshop.execute(msql)
  %>

  <%
     if request("page")="" then
     page=1
     else
     page=request("page")
     end if

     set rs=server.CreateObject("adodb.recordset")
     sql="select * from customer where id='"&session("id")&"'"
     rs.PageSize=7
     rs.Open sql,dbshop,1

if rs.eof then %>
<%=mrs(0)%>님 주문처리내역이 없습니다.
```

```
<%else%>
<%=mrs(0)%>님 주문처리내역입니다.
</table>
<table width="600"  align="center" cellspacing="1" cellpadding="0" bgcolor="#ffffff"
style="border:solid 1 #c0c0c0">
<%
total=rs.PageCount
rs.AbsolutePage=page
i=1
do until rs.EOF or i>rs.PageSize
%>
<tr>
<td colspan=8 bgcolor="#eaeacf" style="PADDING-BOTTOM: 5px; PADDING-TOP:
5px" >
<div align="center"><b><font size="2">주문번호 :<%=rs("uniqueID")%>
   주문날짜 :  <%=rs("orderday")%>
<tr  style="border:solid 1 #c0c0c0">
<td bgcolor=c6dbd6 style="border:solid 1 #c0c0c0"><center><font size=2
color=black>상품사진
<td bgcolor=c6dbd6 style="border:solid 1 #c0c0c0"><center><font size=2
color=black>상품명
<Td bgcolor=c6dbd6 style="border:solid 1 #c0c0c0"><center><font size=2
color=black>수량
<td bgcolor=c6dbd6 style="border:solid 1 #c0c0c0"><center><font size=2
color=black>할인가격
<td bgcolor=c6dbd6 style="border:solid 1 #c0c0c0"><center><font size=2
color=black>금액
<td bgcolor=c6dbd6 style="border:solid 1 #c0c0c0"><center><font size=2
color=black>배송단계
<%
sql1="select c.ea,c.pname,c.pcode,p.price,p.saleprice,p.pimg1 from cart c, product p
where p.pcode=c.pcode and uniqueID="&rs("uniqueID")
set rs1=dbshop.execute(sql1)
j=1
```

```
do until rs1.eof
%>
<tr>
<td><center><img src=../shopimg/<%=rs1(5)%> border=0>
<td><center><font size=2 color=black><%=rs1(1)%>
<td><center><font size=2 color=black><%=rs1(0)%>
<td><center><font size=2 color=black><%=rs1(4)%>
<td><center><font size=2 color=black><% keum=rs1(0)*rs1(4)%>
<%=formatcurrency(keum)%>
<td><center><font size=2 color=black>
<%if rs("step")="1" then%>
발주되었습니다
<%end if%>
<%if rs("step")="2" then%>
<%=rs("stepdate")%><br>물류센터에 확인되었습니다
<%end if%>
<%if rs("step")="3" then%>
<%=rs("stepdate")%>><br>배송중입니다
<%end if%>
<%if rs("step")="4" then%>
<%=rs("stepdate")%>><br>배송완료되었습니다
<%end if%>
<%
rs1.movenext
loop
%>
<%
i=i+1
rs.movenext
loop
%>
</table>

<%end if%>
```

```
<%
set rs=nothing
set rs1=nothing
set mrs=nothing
dbshop.close
%>
<p>
<!-- #include file=../include/foot.inc -->
```

찾아보기

(ㄱ)

(ㄴ)

(ㄷ)

(N)

(O)

(P)

(R)

(S)

(T)

(U)

데이터베이스구축을위한

SQL 서버 2012 활용

2014년 8월 19일 인쇄

2014년 8월 22일 발행

저 자 이 원 호 저

펴낸이 오 성 걸

펴낸곳 오성미디어

주 소 132-916 서울시 도봉구 창 3동 491-1

전 화 02) 997-0136

FAX 02) 997-0137

등 록 2000. 5. 12 제 7-212 호

ISBN 978-89-6628-138-1 값 15,000원